El Arte de Rematar en el Fútbol

Chest Dugger

Tabla de Contenido

Acerca del Autor 4

Regalo Incluido 5

Descargo de Responsabilidad 6

Introducción - El arte de rematar en el fútbol 7

Cambiar la mentalidad para rematar 13

Ejercicios de cabeceo 32

Un breve mensaje del autor: 46

Velocidad de desmarque 47

Usar los dos pies para disparar 58

Habilidades y ejercicios de volea 68

Ejercicios de regate y remate 83

Remate dentro de un cuadrado 99

Centro y remate 110

Un solo toque y otros remates especiales 135

Penaltis y tandas de penaltis 161

Tiro libre 171

Algunas estadísticas para la táctica 184

Conclusión 194

El final... ¡casi! 196

Acerca del Autor

Chest Dugger es un aficionado al fútbol, antiguo profesional y entrenador que ahora quiere compartir sus conocimientos. Disfruta de este libro y otros que ha escrito.

Regalo Incluido

Como parte de nuestra dedicación para ayudarte a tener éxito en tu carrera, te hemos enviado una hoja de ejercicios de fútbol gratuita conocida como "Hoja de ejercicios de fútbol". La hoja es una lista de ejercicios que puedes utilizar para mejorar tu juego y una metodología para realizar un seguimiento de tu rendimiento en estos ejercicios día a día. Queremos llevarte al siguiente nivel.

Haz clic en el siguiente enlace para obtener tu hoja de ejercicios gratuita.

https://soccertrainingabiprod.gr8.com/

Descargo de Responsabilidad

Copyright © 2022

Todos los derechos reservados

Ninguna parte de este eBook puede ser transmitida o reproducida de ninguna forma, ya sea impresa, electrónica, fotocopiada, escaneada, mecánica o grabación sin el permiso previo por escrito del autor.

Aunque el autor se ha esforzado al máximo por garantizar la exactitud del contenido escrito, se aconseja a todos los lectores que sigan información aquí mencionada bajo su propia responsabilidad. El autor no se hace responsable de cualquier daño personal o comercial causado por la información. Se recomienda a todos los lectores que busquen asesoramiento profesional cuando sea necesario.

Introducción - El arte de rematar en el fútbol

El máximo goleador en la historia de la Premier League inglesa, Alan Shearer, afirma que nunca se cansa de marcar goles. Con un impresionante récord de 260 goles, Shearer ha realizado un excelente trabajo. Gary Lineker, otro destacado futbolista inglés, comparte esta opinión: "Solo me interesaba marcar goles. No me interesaba nada más". Lionel Messi, el talentoso jugador argentino, comparte la misma pasión. A sus 34 años, sigue anotando goles al más alto nivel. Aunque su gran rival sea Brasil, esto no afecta su deseo de marcar. Según Messi: "Lo importante es anotar goles, ya sea contra Brasil u cualquier otro rival".

Para el chico malo italiano Mario Balotelli, sus hazañas como goleador compensan algunas de sus acciones menos saludables. "Hablan mal de mí, yo marco goles", dijo el a veces villano de pantomima.

Ponte a prueba a ti mismo. Sin investigar, ve cuanto tiempo te toma nombrar veinte grandes porteros, veinte grandes defensas, veinte grandes centrocampistas y lo mismo con los laterales. A continuación, haz lo mismo con los delanteros. Es seguro que la última categoría te vendrá más fácil a la mente.

Alerta de spoiler: el siguiente párrafo contiene algunas respuestas a la pregunta anterior.

El gran brasileño Romario, que marcó más de 1.000 goles durante su ilustre carrera, tenía clara la cualidad que necesitaba un jugador para convertirse en un goleador brillante. "Los buenos atacantes sólo marcan goles si tienen buen sexo el día anterior", dijo una vez. Nosotros tendemos a pensar que es un poco más complicado que eso. Pensemos en los mejores goleadores de la actualidad. Robert Lewandowski, que a sus 33 años sigue creando ocasiones de gol al más alto nivel con el Bayern de Múnich, campeón de Alemania. Por supuesto, también hay que considerar como tales a esos otros dos eternos, Cristiano Ronaldo y Lionel Messi. Eric Haaland es un codiciado estándar. Quizás Harry Kane, el delantero de los Spurs y capitán de Inglaterra, también pueda incluirse en esta lista. Entre los ya retirados habría que incluir a los ingleses Wayne Rooney y Alan Shearer. El diminuto argentino Serge Agüero también marcó muchos goles, aunque fue menos prolífico a escala internacional. Thierry Henry está entre los mejores de todos los tiempos. Más atrás podemos pensar en Gerd Muller, el incomparable Pelé y la pareja del Real Madrid del (ex) poderoso magiar Ferenc Puskas y su compañero en el campo, si no socialmente, Alberto Di Stefano.

Por supuesto, hay otros. Pero ¿qué suelen tener en común estos jugadores? Un gran atletismo y equilibrio, por supuesto. La mayoría podía marcar con cualquiera de los dos pies, eran buenos en el juego aéreo, además de hábiles regateadores. Técnicamente, estaban dotados de un talento natural excepcional, pero no sólo eso. Trabajaban constantemente para mejorar.

Estos jugadores tenían un poco de velocidad, sin excepción. Y mientras que algunos, como Thierry Henry, bien podrían haber desarrollado una carrera como velocistas, otros (me viene a la mente Puskas en particular) quizá no fueran capaces de mantener toda su velocidad en medio campo, pero estaban dotados de una aceleración asombrosa en distancias cortas. Esto les daba la capacidad de crear espacios. Podían abrirse espacio para disparar o recibir un pase.

Todos jugaban en equipo. Cada uno era capaz de ofrecer un pase bien colocado o estaba dispuesto a hacer una carrera para dar a un compañero un poco más de tiempo. Hoy en día, los mejores jugadores también deben estar dispuestos a trabajar duro. Observa al delantero egipcio Mo Salah, a quien muchos consideran el mejor jugador del mundo en estos momentos. Trabaja constantemente para cerrar el paso a los rivales o para dejar espacio a un compañero que aproveche una oportunidad.

Los grandes rematadores poseen otra característica. Una más difícil de cuantificar. Cualquiera de nosotros que haya jugado a cualquier nivel estará familiarizado con esa fracción de segundo en la que el balón nos llega, estamos a diez metros y tenemos la oportunidad de marcar.

Se nos acelera el corazón, se nos iluminan los ojos… y nuestra técnica se tambalea bajo la embestida del doble subidón que suponen la anticipación y la adrenalina. Los mejores rematadores son diferentes. Esperan marcar. Cuando no lo hacen, todos se sorprenden. Son fríos como el hielo cuando lanzan el penalti decisivo en una tanda de penales; son implacables cuando se enfrentan a un balón que rebota delante de la portería; son letales cuando se les presenta la oportunidad. Aunque no desaprovechan todas las oportunidades que se les presentan, todos esperamos que lo hagan. Especialmente ellos mismos.

Podemos llamarlo autoconfianza extrema, incluso arrogancia. Podemos llamar egoísta a esta determinación de marcar a toda costa. Pero gana partidos. Todos los mejores rematadores poseen un elemento de esa creencia que les dice que son los mejores. Que nadie es mejor. Al fin y al cabo, nadie se emociona cuando entran por la puerta de la oficina, es su trabajo y, como tal, una experiencia cotidiana. Marcar goles es algo cotidiano para un delantero. Es cosa suya. Pueden esperar la emoción de cerrar el trato, ver la red abultarse y la expresión de inutilidad en la cara del portero. Porque saben que va a ocurrir.

Sí, los mejores rematadores nacen y luego se pulen y perfeccionan. No todos podemos alcanzar ese nivel. Pero podemos mejorar nuestras habilidades, nuestra técnica, nuestra mentalidad. Un entrenador puede idear ejercicios para que sus jugadores mejoren de cara a portería. Al fin y al cabo, si no marcas, no ganas. Y ese es el objetivo de todos los que juegan al fútbol.

Muchos de los siguientes ejercicios, tácticas y técnicas incluyen diagramas. Se han utilizado para ayudar a comprender mejor el funcionamiento de los ejercicios. En ellos se utilizan los siguientes símbolos:

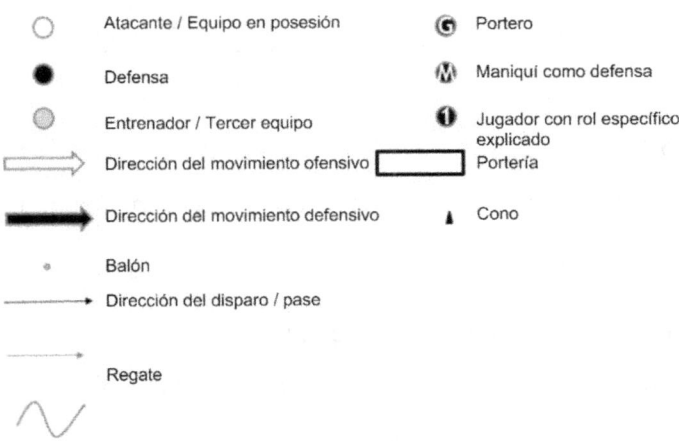

Hay explicaciones específicas de los símbolos de algunos ejercicios, y no están dibujados a escala.

Empezaremos quizá por el área más importante. La mente del jugador. Porque si no crees que vas a marcar, no puedes controlar la adrenalina que inunda tu cuerpo en el momento en que surge la oportunidad, entonces no serás un rematador prolífico.

Y vale la pena recordar a los lectores que, aunque un equipo sólo tenga uno o dos jugadores que rindan en la delantera, todos los jugadores se encontrarán de vez en cuando en posición de marcar un gol. Más aún en el juego fluido de hoy. Para algunos, esas oportunidades no se presentan a menudo; quizá sólo una vez cada tres o cuatro partidos, y para los porteros menos. Sin embargo, cuando se presenta esa rara oportunidad, hay que saber aprovecharla. Este libro no es sólo para nueves, sino también para medios centros, laterales y centrocampistas. Es para entrenadores y amantes del deporte rey. Un gol es un gol, lo marque quien lo marque.

Estamos empezando a aprender que la parte más importante del cuerpo para marcar esos goles no es el pie, ni la cabeza. En cambio, es lo que encontramos dentro de la cabeza. La mente.

Cambiar la mentalidad para rematar

Un gran rematador debe saber cómo fallar. Cómo fallar un gol. Porque eso es lo que harán la mayor parte del tiempo. Así que, si un Ronaldo, un Messi, un Haaland, un Lewandowski va a fallar más veces que a marcar, ¿qué dice eso de los jugadores que están muchos escalones por debajo? Si Harry Kane puede disparar fuera cuando sería más fácil acertar, entonces nuestro número nueve de la selección sub-11 va a fallar aún más a menudo. O el delantero de nuestra liga de pubs, que lo da todo mientras los restos de la última pinta de anoche aún revuelven sus entrañas.

Pero si Kylian Mbappe, cuyo cuerpo está dotado de unas habilidades que el resto de nosotros sólo podemos admirar, puede convertirse en un futbolista aún mejor desarrollando su fuerza mental, también pueden hacerlo todos los jugadores, sea cual sea su nivel.

Los entrenadores tenemos la enorme responsabilidad de velar por el bienestar de nuestros jugadores. Ganar no lo es todo; disfrutar es más importante que una victoria. La camaradería es más importante que conseguir tres puntos en el partido más difícil. Divertirse es más importante que derrotar al rival. Aunque ganar añade un poco más a todo eso; y para ganar, debemos rematar nuestras ocasiones.

Estrategia: Equivocarse

El ciclismo británico dominó el velódromo durante casi dos décadas. Sin embargo, ahora está empezando a salir a la luz. Con los jugadores envejeciendo y retirándose, está saliendo a la luz la cultura del acoso que existía cuando los entrenadores trataban de sacar una onza extra de sus deportistas de élite.

Saquemos rápidamente este desagradable elefante de la habitación. Un entrenador que intimida a sus jugadores no tiene cabida en el "deporte rey". No es excusa decir que gritar a un joven delantero, o culpar a un defensa, hace que el equipo tenga éxito. No es así. A largo plazo, dañar la autoestima de cualquier persona sólo obstaculizará su progreso. Cuando ocurre con jugadores jóvenes, el impacto en su salud mental es aún mayor.

Estrategia: Aumentar la autoestima

Nada de lo anterior implica, en modo alguno, que haya algo malo en buscar la mejora. Lo que importa es cómo lo hacemos los entrenadores. O, si somos jugadores, cómo reaccionamos ante los reveses. Los siguientes consejos son especialmente importantes cuando entrenamos a jóvenes, pero los principios siguen siendo válidos si estamos a cargo del equipo de veteranos, o de la brigada de fútbol ambulante.

Que sea divertido: Cuando el fútbol es divertido los jugadores dan más, experimentan más, asumen más riesgos y aprenden más sobre el éxito y el fracaso. Divertirse es hacer, aburrirse es escuchar.

Dar el control a los jugadores: Una cuestión crucial. En cualquier ámbito de la vida, cuando controlamos nuestras obligaciones y responsabilidades, las desempeñamos mejor. En el fútbol, los jugadores necesitan un marco en el que actuar, pero no uno tan rígido que les impida tomar decisiones.

Eliminar el fracaso: Podemos hacerlo. Si tenemos cuidado con nuestra definición de fracaso. A veces los jugadores cometen errores. Según este libro, todos fallarán ocasiones que deberían haber marcado. Pero ¿es eso un "fracaso"? ¿O es un paso más en el camino hacia la mejora? Es raro encontrar a un jugador que no sienta un borde de decepción cuando fallan una ocasión que podrían o deberían marcar. Pero si lo afrontamos de forma positiva, ayudando a los jugadores a entender cómo tener éxito (ya sea con la técnica, calmándose o simplemente aceptando la mala suerte o reconociendo el gran juego de un rival), les ayudamos a dejar atrás su fallo. A verlo como algo de lo que aprender y seguir adelante, en lugar de como algo en lo que pensar.

Ni los jugadores ni los entrenadores pueden eliminar las ocasiones falladas, pero promover un fallo como algo bueno porque es una lección aprendida le da la vuelta a la decepción. Recompensar lo positivo de la situación, estar en posición de marcar, ser lo bastante valiente para patear, mitiga la sensación de fracaso.

Fomentar la atención plena: Dedica tiempo a la reflexión, fomenta la visualización del éxito.

Fomentar el apoyo de los compañeros: Ningún jugador que acaba de desaprovechar una oportunidad quiere que le critiquen, ya se estarán criticando bastante a sí mismos. Como entrenador, podemos dar ejemplo elogiando lo bueno y dejando atrás lo malo. Un equipo que tiene una cultura de apoyo en lugar de crítica tendrá éxito. Los jugadores Aumentan su confianza. Su autoestima mejora. Se enfrentan a las cosas que van mal. Se vuelven mentalmente fuertes.

Estrategia: Desarrollar una cultura

Trabajar con jugadores, o incluso ser un jugador, suele ser la parte fácil. Hay elementos del concepto más amplio de "club" o "equipo" sobre los que es mucho más difícil influir. Cualquiera de nosotros que haya entrenado a equipos juveniles conocerá la pesadilla del padre insistente.

Lo conocemos. Siempre quiere una palabra al final; siempre tiene una sugerencia... una que de alguna manera hará que su Jimmy o Jane tenga un papel más importante en los procedimientos. Aunque sea en detrimento de los demás.

Creo que sería bueno para el equipo que Jimmy lanzara los tiros libres... y los penaltis... y los saques de esquina. Tiene una zurda tan dulce...'

"¿No crees que deberías abandonar esta estrategia de rotar al capitán? No funciona, he hablado con los jugadores y les gustaría que Jimmy fuera capitán todas las semanas".

Mientras tanto, el pequeño Jimmy o Jane convulsiona de vergüenza.

"Pásasela a Jimmy... Pásasela a Jimmy. ¡Vamos! Por qué no se lo pasaste a Jimmy... estaba lejos y despejado..."

O, lo peor de todo, "Jane, eres mejor que eso".

Esos padres son vampiros para el espíritu de equipo y, por tanto, para el crecimiento mental de los jugadores. Es muy difícil tratar con ellos. Nunca creen que sean un problema ni que se les apliquen las directrices. Sin embargo, podemos sugerir una estrategia para ayudar a afrontarlos.

Uno: publicar directrices para todos los nuevos padres sobre lo que se espera de ellos en los partidos. En ellas se deja claro que las críticas a cualquier jugador, entrenador, árbitro u oponente son totalmente inaceptables.

Dos: Actualizar y reenviar las directrices a todos los padres al menos una vez por temporada.

Tres: Cuando un padre trascienda, háblale en voz baja y con calma, explicándole que aunque sus intenciones son buenas, y es estupendo que sean partidarios tan activos, su entusiasmo puede resultar desalentador para otros jugadores, e incluso para su propio hijo.

Hace falta ser un padre especialmente sanguinario para seguir transgrediendo después de este punto, pero esas personas existen.

Cuatro: Habla con un compañero o igual y pídele conversar.

Cinco: Emitir una advertencia formal, por escrito, indicando que, a menos que estén dispuestos a comportarse de manera aceptable, no se les permitirá asistir a partidos o entrenamientos.

Seis: Expulsarlos del club. Lamentablemente, esto podría implicar también la pérdida del jugador. Sin embargo, la mayoría de los padres anteponen el bienestar de sus hijos a su propio egoísmo. La mayoría. No todos.

Si se llega al punto seis, el asunto debe trasladarse a quien tenga la responsabilidad en el club de salvaguardar a los jugadores jóvenes.

He aquí los puntos clave del capítulo:

En este capítulo no hemos hablado mucho de los remates en sí. Lo que queremos decir es que, si podemos desarrollar la confianza de un jugador, su autoestima y su confianza en sí mismo, conseguiremos que sean mejores rematadores porque no tendrán miedo a fallar. Además, debemos tratar de mitigar las influencias negativas externas, así como las que el jugador se impone a sí mismo.

Estos puntos son válidos para todas las edades y todos los niveles de jugador, pero revisten especial importancia cuando se trabaja con jugadores jóvenes.

Mejora la fortaleza mental de los jugadores y estaremos en el buen camino para generar un equipo que gane. Es decir, que no sólo gane al rival. Sino también en lo que respecta a su propio placer de jugar y al desarrollo de su autoestima. Esto, a su vez, traerá beneficios en todos los aspectos de la vida de una persona. No puede haber mayor victoria que esa. Podemos resumirlo como sigue:

- El fútbol es más diversión que otra cosa
- Todo debe estar orientado al disfrute
- Los jugadores (y entrenadores) que están contentos progresan más y se benefician de las ventajas adicionales que ofrece el deporte.

Ahora es el momento de pasar a las habilidades y técnicas que permitirán marcar goles durante el partido.

Ejercicios de tiro / disparo

Si no disparamos, no podemos marcar. No hace falta decir nada más.

Ejercicio: Práctica básica de tiro

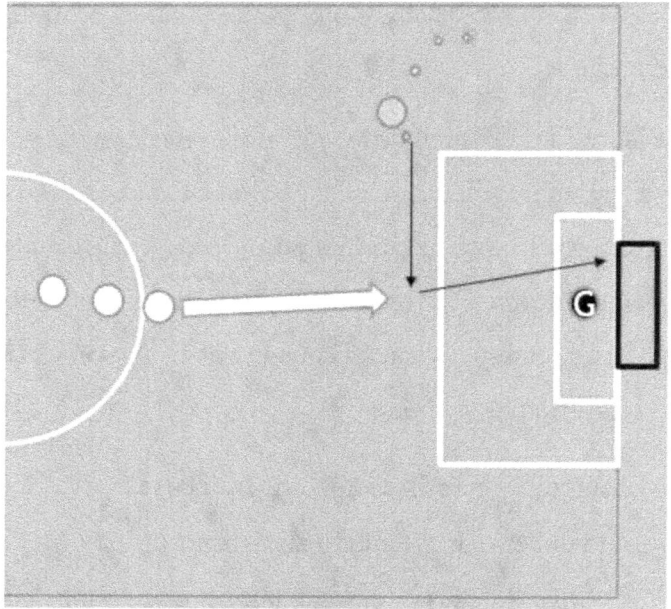

Es esencial que los jugadores desarrollen una buena técnica de tiro. Es raro que en los partidos haya tiempo y espacio para preparar y ejecutar un tiro. Por lo general, un jugador estará bajo presión y los defensas volarán para hacer un bloqueo. Por lo tanto, la mejor técnica debe estar lo suficientemente asentada como para que se convierta en algo automático. Este ejercicio ayudará a establecer esa memoria muscular.

Uso con: Todas las edades.

Objetivos: Perfeccionar la técnica de tiro

Equipamiento: Balones y portería.

Funcionamiento del ejercicio: El entrenador introduce un pase lateral hacia el D en el área de penalti. El atacante corre hacia el balón y dispara. El delantero recupera el balón si falla y se vuelve a unir a la línea de jugadores.

Habilidades clave:

- Comunicación con el alimentador
- Dar uno o dos toques, desplazando el balón ligeramente hacia el lado del pie que dispara y aproximadamente entre medio metro y un metro por delante.
- Correr hacia el balón
- Coloca el pie que no patea hacia un lado, aproximadamente de quince a veinte centímetros (seis a ocho pulgadas) del balón.

- Flexiona la rodilla del pie que no patea.
- Brazos hacia fuera para equilibrar
- Mantener la cabeza quieta, y ligeramente hacia delante para desplazar el peso del cuerpo sobre el balón.
- Mirada hacia la pelota
- Girar suavemente el pie de tiro, golpeando el balón con los cordones.
- La pierna debe girar en arco hacia la esquina o el punto al que apunta el jugador (normalmente la esquina más alejada), con el tobillo bloqueado y los dedos de los pies apuntando hacia abajo al entrar en contacto con el balón.
- Seguir suavemente con el pie de patada

Desarrollo:

- Envía señales desde distintos ángulos y a distintos ritmos
- Anima a los jugadores a intentar remates laterales con el pie, así como remates conducidos (consulta la técnica en el capítulo siguiente).

Ejercicio: Añadir algo de defensa

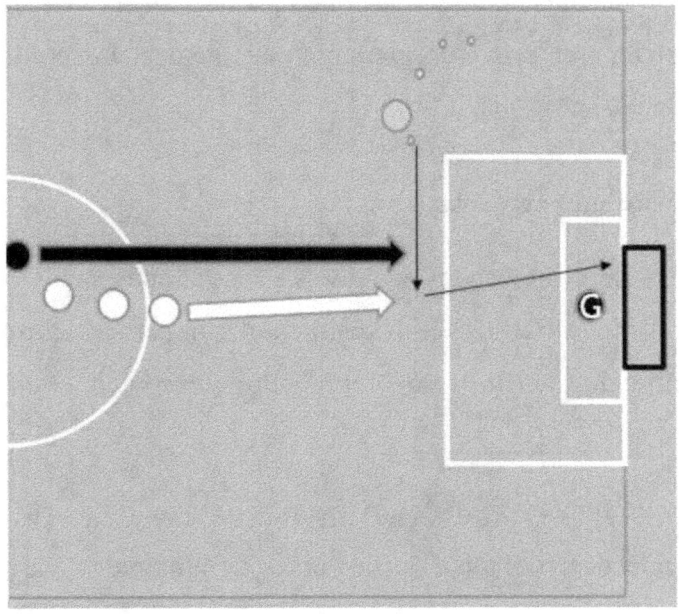

Este ejercicio se basa en el anterior, pero la adición de un jugador defensivo añade presión sobre el lanzador. Comienza con el defensor detrás del delantero, asegurándote de que éste llega primero al balón. Luego cierra a los defensas, añadiendo presión al primer toque.

Por último, inicia la defensa desde la línea de gol, permitiéndoles presionar. Esto requerirá que el delantero golpee a la primera o utilice una habilidad como una finta (dejar caer el hombro, amagar hacia un lado mientras se mueve el balón con el exterior del pie contrario para crear espacio) antes de disparar.

Sin embargo, es importante que los jugadores hayan desarrollado una técnica sólida antes de que se añada la presión, para que disparar se convierta tanto en memoria muscular como en una decisión consciente.

Ejercicio: Pasar, mover y disparar.

Este ejercicio anima a los jugadores a encontrar espacios variando el ángulo de ataque. Resulta especialmente útil para desarrollar las primeras habilidades de tiro, ya que el jugador corre hacia el balón con rapidez.

Uso con: Todas las edades. Asegúrate de que los jugadores han desarrollado una buena técnica de tiro antes de emplearlo, ya que una técnica insegura flaqueará con el ritmo que se imparte en el ataque.

Objetivos: Correr hacia el balón.

Equipamiento: Balones, portería, conos colocados según el esquema.

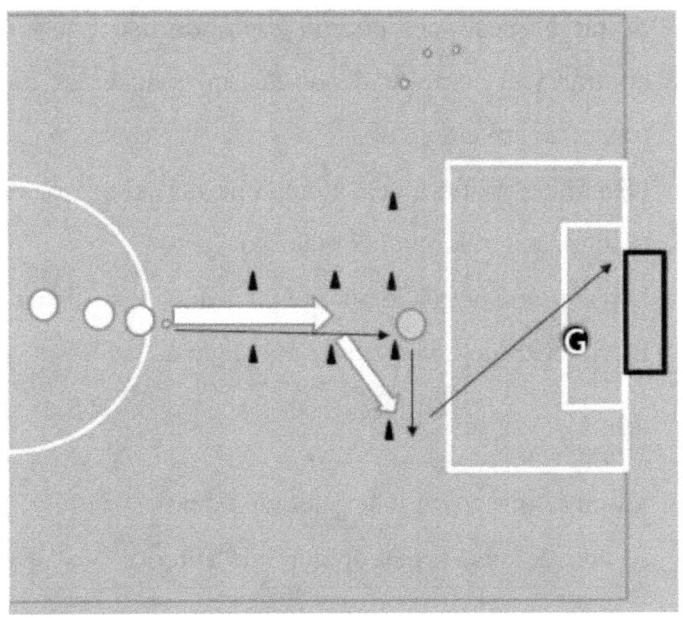

Funcionamiento del ejercicio: Los atacantes se alinean a partir del semicírculo de la línea de medio campo. Cada atacante tiene un balón. El atacante pasa el balón con firmeza a su marcador, situado en la D del área penal, y luego sigue el balón. El atacante indica hacia qué lado quiere que se coloque el balón y acelera en la dirección que ha indicado, esprintando en diagonal. El atacante coloca el balón. El delantero corre hacia el balón y golpea a la primera o toca el balón y dispara.

Habilidades clave:

- Comunicación del delantero, indicando la dirección en la que quiere que se coloque el balón

- Soltar el peso del cuerpo e impulsarse con la pierna contraria al cambiar de dirección, para crear espacio a través de la velocidad.
- Dispara la primera vez, apuntando más al centro ya que la pelota oscilará con el contacto o,
- Da un toque para adelantarte y ensanchar, y dispara raso y fuerte cruzado a la esquina más lejana.

Desarrollo:

- Variar la dirección y la velocidad del tiro
- Añadir defensa según el ejercicio anterior

Ejercicio: Super tiro

Este popular ejercicio gusta a jugadores de todas las edades. Fomenta una buena técnica al permitir que se produzca un tiro con prisión nula o limitada. Sin embargo, también existe la posibilidad de disparar bajo presión. El ritmo es rápido, y todos los jugadores deberían tener mucha acción y la oportunidad de marcar.

Uso con: menores de 8 años en adelante. Los jugadores deben ser capaces de disparar desde una distancia razonable para que el ejercicio funcione.

Objetivos: Reforzar la técnica de tiro mediante numerosos disparos, estableciendo al mismo tiempo una situación de partido realista.

Equipamiento: Balones, muchos. Dos porterías. Los conos para delimitar una línea de medio campo pueden ser útiles, especialmente para los jugadores más jóvenes cuya conciencia espacial está menos desarrollada.

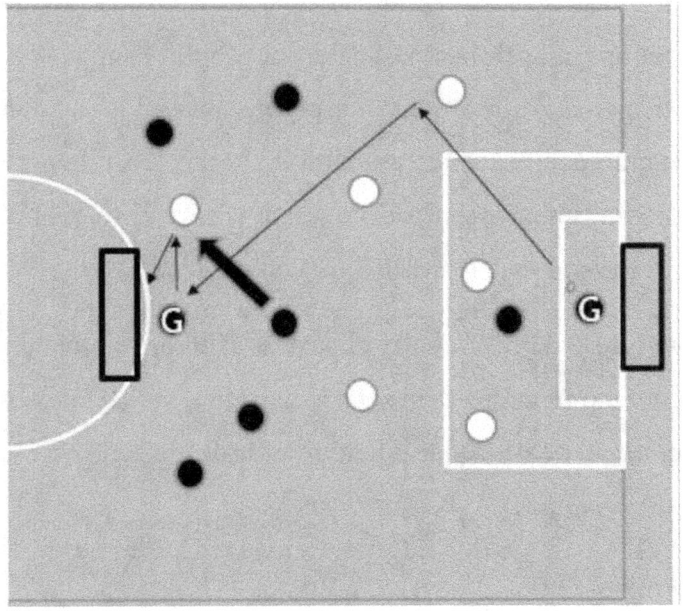

Funcionamiento del ejercicio: Dos equipos de seis personas, incluidos los porteros. Dispón un área de juego a lo ancho del terreno de juego o aproximadamente entre el borde del semicírculo y la línea de meta. Los jugadores más jóvenes pueden actuar entre el borde del área penal y el semicírculo. Cada equipo tiene un portero, cuatro jugadores de campo en su propio campo y un jugador de campo en el campo contrario. Este jugador debe intercambiarse con uno de los jugadores más profundos a intervalos regulares.

El juego comienza con un portero. Éste debe pasar el balón a sus compañeros de equipo, que preparan una oportunidad para disparar. Sólo se permite encarar al atacante contrario en su campo, aunque los demás defensas deben seguir el balón desde su propio campo. Intentarán bloquear los disparos. Anima a disparar pronto, buscando la potencia. El atacante en campo contrario está ahí para los rebotes. En la mayoría de los casos, deberá intentar golpear el balón con el pie si tiene la oportunidad, buscando más la precisión que la potencia.

Después de cada tiro/rebote, el portero contrario inicia un ataque para su equipo. Esto funciona bien si cada partido tiene 10 balones, cinco en cada extremo, y el entrenador puede revisar después de que se hayan utilizado los diez balones.

Habilidades clave:

- Técnica correcta para las circunstancias
- Crea espacio con una o dos pasadas
- Dispara pronto

- Atacante avanzado siempre en movimiento para permitirles llegar primero a un rebote.

Desarrollo:

- Añadir un segundo atacante avanzado

Ejercicio: Caos de tiro

Este divertido ejercicio requiere un poco de preparación y mucho equipamiento, pero es bueno para animar a los jugadores a realizar muchos tiros desde diferentes ángulos y distancias.

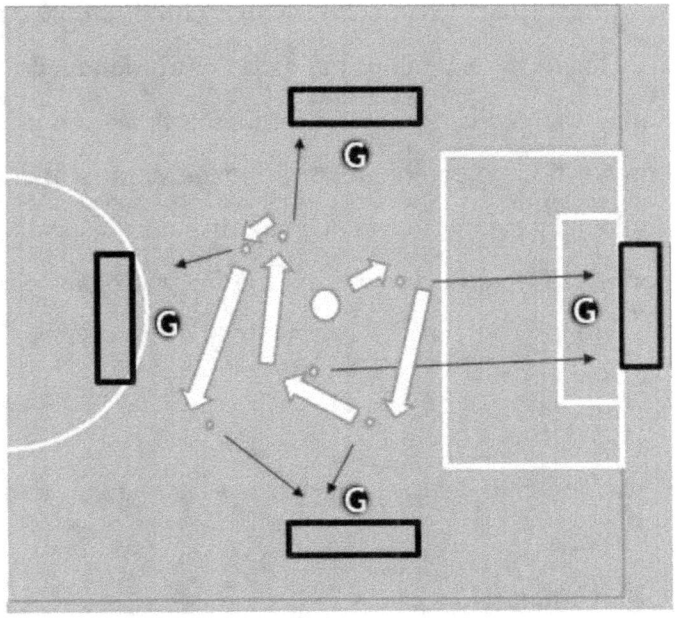

Uso con: Todas las edades.

Objetivos: Desarrollar la precisión desde diferentes ángulos.

Equipamiento: Seis balones. Cuatro porterías pequeñas. Utiliza conos para que puedan jugarse varios partidos a la vez.

Funcionamiento del ejercicio: Crear un cuadrado imaginario (se podría delimitar con conos, pero no es necesario, ya que la precisión del cuadrado no es crucial para el ejercicio). Coloca una portería en el centro de cada línea del perímetro del cuadrado. Cada portería tiene un portero. Los jugadores adultos podrían utilizar medio campo, aproximadamente. Para los menores de 8 años, el área de penalti debe ser de buen tamaño, cuadrada. Las diferentes edades pueden trabajar con diferentes tamaños de cuadrados. Coloca los seis balones al azar dentro del cuadrado. Los jugadores intentan marcar tantos goles como sea posible con los seis balones en el menor tiempo posible. Para fomentar el movimiento y los cambios de ángulo, no permitas que un jugador dispare consecutivamente a la misma portería. Después de cada pasaje del ejercicio, cambia al lanzador por un portero.

Habilidades clave:

- Pensamiento táctico para encontrar la ruta más rápida para disparar
- Movimiento

- Utilizar una buena técnica en velocidad
- Variar el tipo de tiro según las circunstancias. Por ejemplo, un pie lateral para la precisión de los disparos a corta distancia, potencia para los disparos más lejanos, curvatura para los disparos amplios.

Desarrollo:

- Añadir elemento competitivo entre jugadores, por ejemplo, número de goles en veinte segundos.
- Aumentar la superficie de pase.
- Añadir un defensa para presionar los tiros.

He aquí los puntos clave del capítulo:

- En la mayoría de los casos, un jugador estará bajo presión al disparar
- Dado esto, la técnica es primordial
- La técnica debe practicarse hasta que se convierta en algo natural.

En el próximo capítulo analizaremos un área de remate que cada vez suscita más controversia. Cabecear el balón.

Ejercicios de cabeceo

Fue la temprana aparición de la demencia que afectó al ex delantero de la selección inglesa y del West Bromwich Albion, Jeff Astle, la que dio el pistoletazo de salida. El elefante en la habitación.

Puede que el fútbol sea el mejor deporte del mundo. El remate de cabeza es, sin duda, una parte crucial del mismo. Pero... los ex jugadores eran víctimas de la demencia con demasiada frecuencia. Demasiado pronto. Morían demasiado jóvenes.

La causa parecía ser el impacto conmocionador al cabecear el balón. Había que hacer algo. Así es, poco a poco. Somos entrenadores o jugadores. No médicos ni científicos. Lo único que podemos hacer es estar al día de los descubrimientos médicos y seguir las orientaciones que nos den.

Aunque el cabeceo sigue siendo una parte tan importante del juego, es importante que los jugadores lo hagan correctamente.

Sin embargo, deberíamos limitar los ejercicios de cabeceo durante el entrenamiento, o eliminarlos por completo si así nos lo aconsejan.

Ejercicio: Técnica de cabeceo (ofensiva)

Mientras que un remate de cabeza defensivo tratará de alcanzar altura y distancia, un remate de cabeza ofensivo es una bestia diferente. En este caso, el delantero tratará de lograr potencia y precisión, o incluso una mirada hacia el córner. Este ejercicio ayuda a los jugadores más jóvenes a superar errores comunes y a conseguir una posición corporal y una técnica correctas desde el principio.

Uso con: Tan jóvenes como lo permitan las normas locales. Pero incluso los jugadores expertos pueden utilizar este ejercicio como parte del calentamiento para reforzar las técnicas clave.

Objetivos: Perfeccionar la técnica del remate de cabeza hacia abajo.

Equipamiento: Balones. Utiliza balones blandos para los principiantes o para los jugadores más jóvenes que no se atreven a cabecear la pelota.

Funcionamiento del ejercicio: Tan simple como puede ser, y deliberadamente así. Se trata de un ejercicio corto que no debería durar más de dos minutos. La atención se centra totalmente en cabecear correctamente, por lo que se eliminan por completo las distracciones y complejidades, permitiendo a los jugadores centrarse en la adquisición y práctica de su técnica. Simplemente, los jugadores se colocan a unos cinco metros de distancia. Un jugador pasa el balón hacia atrás, apuntando a los dedos de los pies de su compañero. Su compañero cabecea el balón hacia atrás, apuntando a los dedos de los pies de su compañero.

Habilidades clave:

- Armas para el equilibrio.
- Avanzar hacia el balón, saltando si es necesario.
- Juzgar la trayectoria del balón, de forma que se pueda coger a la máxima altura posible que permita un cabezazo hacia abajo.
- Abre pecho
- Impactar el balón en la frente
- Comprobar la comunicación entre el alimentador y el jugador
- Tensa los músculos del cuello y empuja la cabeza hacia delante.
- Hacer contacto con el balón después de que la frente haya recorrido un poco más allá de la horizontal.
- Mantener los ojos fijos en el balón
- Aparte de la cabeza, mantener el cuerpo inmóvil, incluso en el aire.
- Apunta a los pies del compañero

- Asegúrate de que el jugador mantiene los ojos abiertos el mayor tiempo posible.

Desarrollo:

- Envían señales desde distintos ángulos y a distintas alturas, por lo que el jugador debe moverse
- Intenta algunos cabezazos potentes, con el jugador apuntando con el hombro hacia el balón.

Ejercicio: Rumbo a la precisión

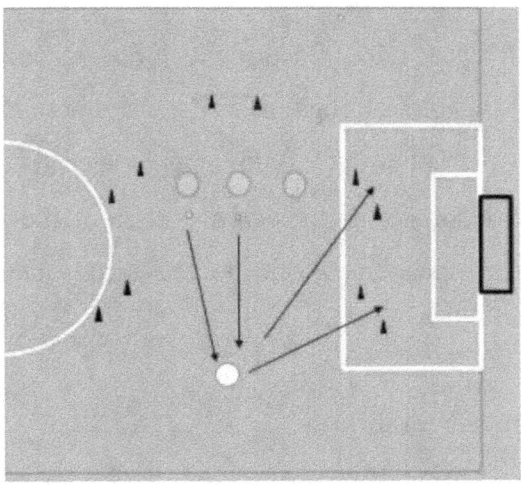

Se trata de un ejercicio muy útil porque desarrolla la técnica sin forzar demasiado la cabeza, lo que reduce el riesgo de sufrir conmociones cerebrales.

Uso con: Dependiendo de las reglas de tu asociación y liga de fútbol, esta actividad es adecuada para menores de 10 años y mayores. No obstante, limite el número de remates de cabeza a un máximo de seis por sesión.

Objetivos: Desarrollar la técnica para que se convierta en automática cuando se emplee durante la presión de un partido.

Equipamiento: Conos colocados según el diagrama, balones.

Funcionamiento del ejercicio: Tres alimentadores lanzan balones al jugador que practica el juego. Este jugador se desplaza para dirigir el balón entre pares de conos. Después de dos alimentaciones cada uno, los jugadores se mueven alrededor de una posición y el siguiente jugador procede a cabecera. La alimentación se produce en un orden aleatorio.

Habilidades clave:

- Brazos para el equilibrio.
- Arquearse hacia atrás y proyectarse hacia delante en el contacto con el balón.
- Tensa los músculos del cuello para obtener potencia.

- Puntea el hombro hacia la dirección del cabezazo para obtener la máxima precisión.
- Trabajar en la sincronización del cabezazo, para que el cuerpo esté quieto, los músculos bloqueados y la posición del cuerpo correcta en el punto de impacto.
- Comunicación entre el alimentador y el jugador.
- Salta por el balón para conectar antes, asegurándote de que en un partido el defensa no llega antes.
- Ataca el balón, corriendo hacia la alimentación.

Desarrollo:

- Aumentar la distancia entre el alimentador y el jugador
- Cambiar la posición de los conos de tiro para realizar remates de cabeza y de refilón.

Ejercicio: Golpear las esquinas

Los remates de cabeza en las esquinas tienen muchas más probabilidades de convertirse en gol. Con este ejercicio también practicamos el remate de cabeza de refilón, que a menudo puede dar lugar a un gol en el segundo palo, incluso si el remate en sí no da en el blanco.

Uso con: Este ejercicio es bastante exigente, por lo que es preferible utilizarlo con adultos, equipos juveniles de más edad y jugadores jóvenes con especial talento.

Objetivos: Crear ocasiones de gol mediante remates de cabeza en los córners.

Equipamiento: Dos conos, pelotas.

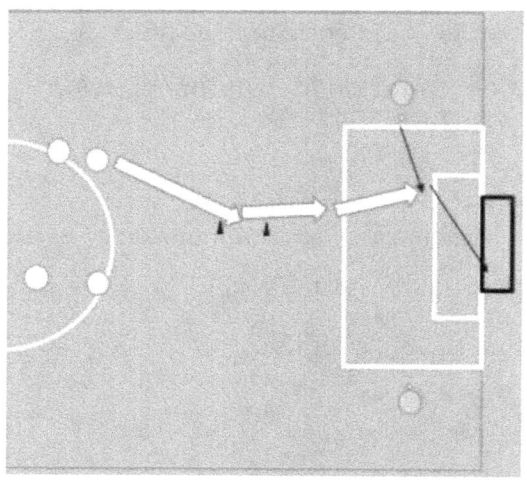

Funcionamiento del ejercicio: Se colocan dos conos cerca del área penal. Los jugadores se alinean a ambos lados del cono situado más atrás. Los jugadores salen alternativamente de estas líneas. Corren en diagonal hacia el primer cono, se enderezan y vuelven a correr en diagonal tras el segundo cono. Se dirigen hacia el primer poste. El ejecutor lanza el balón y grita "Cerca" o "Lejos". Estos son los postes hacia los que el jugador debe dirigir su cabezazo.

Habilidades clave:

- Acelera hacia el balón.
- Concéntrate en atacar el balón, manteniendo una posición corporal correcta.
- Para el remate de cabeza en el primer poste, es decir, el remate de cabeza dirigido hacia el primer poste:
    o Brazos para el equilibrio
    o Proyectar la cabeza hacia delante en el momento del contacto
    o Apunta por encima del balón para dirigirte hacia abajo
- Para el cabezazo desviado hacia el segundo palo:
    o Atacar el balón
    o Girar la cabeza hacia el segundo poste al entrar en contacto con el balón.
    o Sin dejar de utilizar la frente para el contacto, intenta golpear el balón con la mirada en lugar de conseguir un contacto total.

Desarrollo:

- Hacer que los jugadores de ambas líneas ataquen juntos
- Comunicación entre jugadores
- Uno ataca el poste cercano, otro el lejano
- El jugador del segundo poste permanece en posición de fuera de juego listo para rematar de cabeza si el balón no va a puerta.
- Presentar a un portero
- Introducir a los defensas, pero no permitirles competir por el balón con los juniors, por razones de seguridad.

Ejercicio: Crear espacio

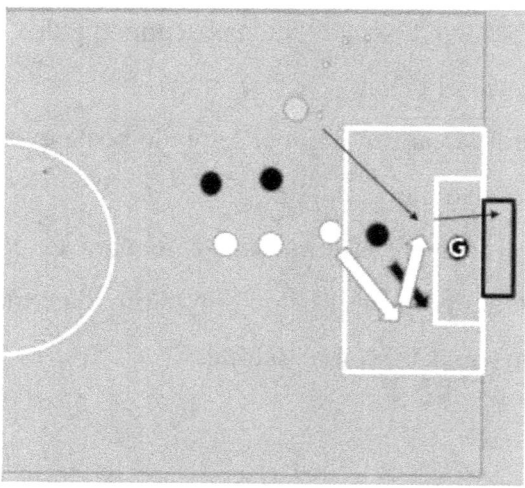

Cabecear el balón al espacio es más fácil y probable que acabe en gol. Este sencillo ejercicio ayuda a entrenar a los jugadores para que corran automáticamente y encuentren espacios.

Usar con: Encontrar espacios es una habilidad crucial en el fútbol, así que utiliza este ejercicio con jugadores lo más jóvenes posible dentro de la normativa de tu equipo.

Objetivos: Hacer que la búsqueda de espacio sea un arma automática en el arsenal de un jugador.

Equipamiento: Balones. Con los jugadores más jóvenes o menos experimentados se pueden utilizar conos para ayudar a los jugadores a adoptar las posiciones de salida correctas.

Funcionamiento del ejercicio: El entrenador se coloca a lo ancho. El atacante corre hacia el segundo poste y luego regresa al primero. El defensa acompaña al atacante. A continuación, el atacante recorta hacia el primer palo, acelerando a medida que llega el balón. Por razones de seguridad, el portero y el defensa deben permitir que el delantero cabecee libremente. El delantero ataca el balón e intenta marcar. El atacante pasa entonces a la línea defensiva, el defensa a la línea ofensiva, listos para su siguiente turno. Después de que todo el mundo lo haya intentado, intercambia las carreras de modo que el muñeco esté en el primer poste, antes de romper hacia el segundo poste. Por último, deja que el delantero elija su carrera y fomenta la comunicación con su marcador.

Habilidades clave:

- La carrera del muñeco es a medio ritmo o a dos tercios para que el cambio de ritmo en la carrera de ataque cree espacio.
- Deja caer el centro de equilibrio, y bombea las piernas con fuerza para crear espacio en la carrera de ataque.
- Algún contacto legal con el defensor puede ayudar a crear un poco más de espacio.
- Ataca el balón.
- Decide con antelación si quieres enviar el balón al segundo poste o rematarlo al primero.
- Comunicación entre el alimentador y el jugador.
- Salta hacia el balón para conectar pronto.
- Atacar el balón, corriendo hacia la alimentación.

Desarrollo:

- Con jugadores más jóvenes o menos experimentados, empezar sin defensa.

Ejercicio: Juego 3 contra 3

A todo el mundo le gustan los juegos en los que se desarrollan habilidades. Éste es uno bueno, con un número de jugadores lo suficientemente reducido como para garantizar que todos tengan suficientes oportunidades de trabajar su remate de cabeza. En las categorías inferiores, los jugadores pueden cabecear libremente, es decir, los defensas no pueden cabecear el balón. En la categoría adulta, se permite al equipo defensivo cabecear el balón, pero no impugnar un remate de cabeza ofensivo. El riesgo de lesión en la cabeza es demasiado grande para permitir la competencia por el balón en este momento.

Uso con: Dependiendo de las reglas de tu asociación y liga de fútbol, ésta es una actividad adecuada para menores de 11 años y mayores. Sin embargo, el nivel de habilidad de los jugadores debe ser lo suficientemente alto como para que puedan picar o lanzar un centro para que un jugador corra hacia él y remate de cabeza. Si sólo pueden levantar el balón conduciéndolo, entonces no están preparados para el ejercicio.

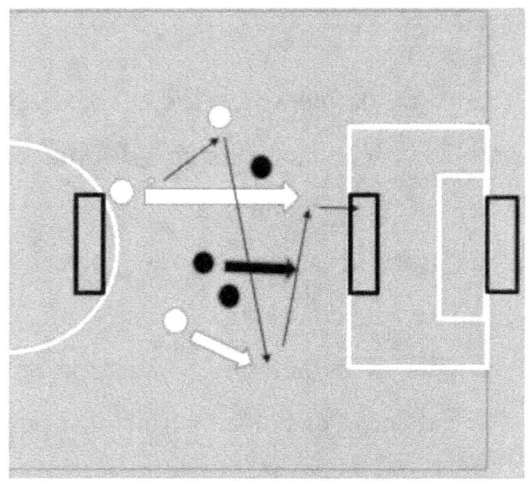

Objetivos: Desarrollar la técnica en un entorno semicompetitivo.

Equipamiento: Dos porterías, una situada en la D del área penal, la otra en el semicírculo de la línea de medio campo. Un balón.

Funcionamiento del ejercicio: Tres contra tres. Un equipo comienza con el balón, debe pasarlo a lo ancho. El jugador de la banda centra para que un compañero cabecee a puerta vacía. A continuación, el otro equipo comienza con el balón. Juega el primer equipo que marque diez goles, o durante un partido de cinco minutos. Sin placaje. Limitar a los jugadores a un metro del adversario. Sin placajes ni presiones fuertes.

Habilidades clave:

- Hacer carreras bien sincronizadas hacia el área de gol.
- Comunicación con el jugador que centra.

- Centrarse en la técnica de cabeceo.

Desarrollo:

- Permitir una mayor presión durante la acumulación.

He aquí los puntos clave del capítulo:

- La seguridad lo es todo cuando se trata de cabecear
- Los datos y la investigación mejoran constantemente
- La ignoraríamos por nuestra cuenta y riesgo. Y lo que es más importante, por cuenta y riesgo de nuestros jugadores.

Un breve mensaje del autor:

¿Te está gustando el libro? Me encantaría conocer tu opinión.

Muchos lectores no saben lo difícil que es conseguir reseñas y lo mucho que ayudan a un autor.

Te estaría increíblemente agradecido si pudieras dedicar tan sólo 60 segundos a escribir una breve reseña en Amazon, ¡aunque sólo fueran unas frases!

Gracias por dedicarnos tu tiempo.

Tu reseña marcará realmente la diferencia para mí y ayudará a dar a conocer mi trabajo.

Velocidad de desmarque

La capacidad de encontrar la velocidad necesaria para crear espacio y tiempo para el disparo es un atributo clave de un buen rematador. La lectura del juego forma parte de ello. Saber dónde correr y cuándo hacerlo es difícil de enseñar. Se adquiere con la experiencia y cuando los jugadores estudian a los profesionales de su posición.

Siempre recomendamos a los entrenadores que animen a sus jugadores a ver el fútbol por televisión y, si es posible y asequible, a asistir a partidos profesionales. De este modo se aprende a ganar esa fracción de segundo de ventaja que puede permitir un tiro limpio, en lugar de uno bajo presión.

Sin embargo, esto no siempre es posible, y en este capítulo analizaremos algunos de los ejercicios y otros factores que pueden dar a nuestros jugadores una ventaja en este aspecto.

Por supuesto, si un jugador está bendecido con la velocidad de un Ronaldo, un Mbappe o un Thierry Henry, entonces eso es una rara bendición.

Por desgracia, ni siquiera el mejor entrenador puede inculcar la velocidad pura allí donde no se da de forma natural. Pero lo que hacen los mejores entrenadores es afinar la velocidad de un jugador, desarrollándola allí donde es más eficaz.

En este capítulo nos centramos en la velocidad en la finalización, pero los ejercicios son igualmente útiles para los jugadores defensivos. De nuevo, la habilidad de un medio centro para adelantarse a su delantero, o la de un centrocampista defensivo central para acercarse lo suficiente a su corredor y desafiarlo, pueden contribuir a ganar un partido.

Técnica: Maximizar la velocidad de salida

- Toma bien las posiciones de las piernas. Forma una Z al revés, con la pierna de arriba formando la línea superior de la Z, la pierna de abajo la línea más horizontal y el pie la línea inferior. El músculo de la pantorrilla llega hasta los isquiotibiales
- La pierna se impulsa directamente hacia abajo, con zancadas cortas haciendo contacto con el suelo en línea con las caderas.
- Permanece en contacto con el suelo durante un corto período de tiempo, y aléjate
- Un centro de gravedad bajo generará la velocidad inicial, pero en un sprint prolongado, el cuerpo debe estar horizontal y la cabeza quieta.

- La zancada se alargará de forma natural a medida que se genere velocidad, pero es importante que la zancada continúe golpeando el suelo en línea con las caderas. Al extenderse demasiado, se pierde potencia, y una zancada por delante del cuerpo actúa como una interrupción del impulso.
- Los brazos deben bombear hacia adelante y hacia atrás, no de lado a lado.

Ejercicio: Hacia delante y hacia atrás

Este ejercicio imita las acciones de un delantero que se mueve lentamente hacia atrás para ofrecer un pase más fácil a un compañero de equipo. A continuación, el delantero se desplaza en otra dirección, acelerando rápidamente hasta alcanzar la velocidad máxima.

Uso con: todas las edades. Los niños pueden mejorar su velocidad aprendiendo a esprintar correctamente.

Objetivos: Crear espacio con un cambio de ritmo y dirección.

Equipamiento: Conos en parejas, aproximadamente separados.

Funcionamiento del ejercicio: Muy sencillo. Los jugadores trotan hacia atrás entre los conos y luego aceleran hacia delante en la dirección opuesta.

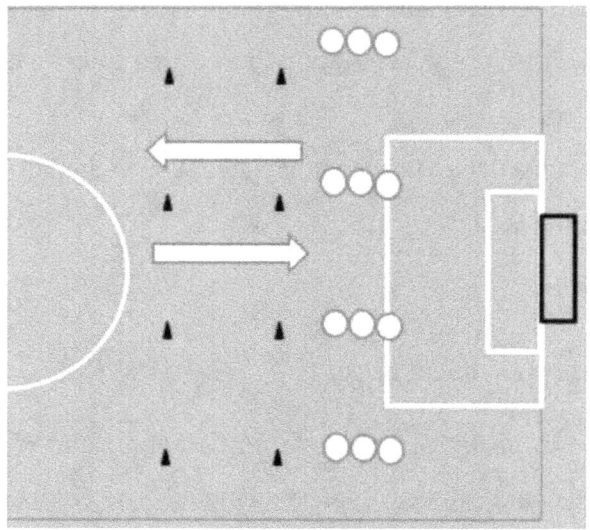

Habilidades clave:

- Conseguir la técnica correcta para el cambio de ritmo.

Desarrollo:

- Añadir un tercer cono que ofrezca una dirección diferente para el cambio de ritmo.
- Con los jugadores más jóvenes, realiza el ejercicio como un relevo para mantener la emoción.

Ejercicio: Variedades de velocidad (con balón)

El entrenamiento de velocidad debe formar parte de cada sesión. Una vez aflojados, los jugadores experimentados pueden utilizar los siguientes ejercicios para completar sus calentamientos.

Cuando realices un entrenamiento de velocidad, deja un poco de trote entre las actividades.

Intenta repetir cada actividad de tres a cinco veces por jugador y utiliza de tres a cinco actividades tan diferentes en un periodo de entrenamiento. Una vez que los jugadores se familiaricen con los ejercicios de entrenamiento de velocidad, podrán realizarlos rápidamente.

Los siguientes ejercicios incluyen cuatro actividades diferentes, con grupos que se mueven rápidamente a través de sus diez repeticiones, y luego pasan al siguiente ejercicio de velocidad en línea.

Se utiliza un balón porque, al fin y al cabo, ¡se trata de entrenamientos de fútbol!

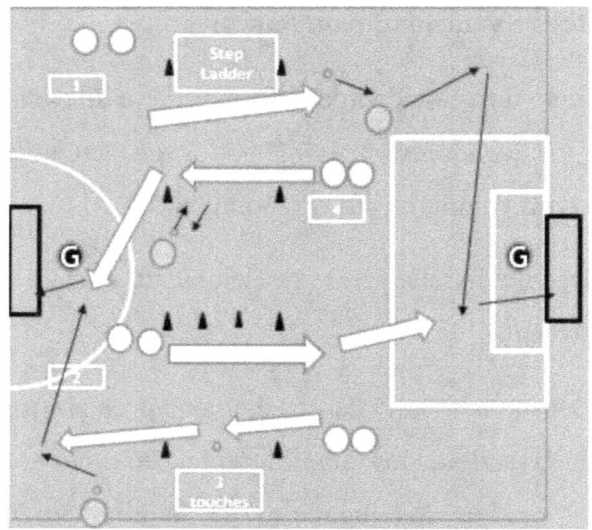

Uso con: todas las edades. Los jugadores más jóvenes responderán mejor a las actividades sencillas. La regla es "hacer, no escuchar ni mirar". Mantener activos a nuestros equipos más jóvenes es la clave de un buen entrenamiento.

Objetivos: Desarrollar la velocidad en el trabajo con balón.

Equipamiento: Bolsa de balones. Conos, separados por parejas de unos 10 metros. (Cuando se utilicen más conos en un ejercicio, los dos últimos deben estar a 10 metros de distancia, y el resto repartidos uniformemente entre estos dos). Dos porterías.

Funcionamiento del ejercicio: Coloca los cuatro juegos de conos. Trabajen a lo ancho del campo, o entre la línea de medio campo y la línea de meta, según el diagrama. Divide a los jugadores en cuatro grupos. Uno para cada actividad, que rotarán después de tres a cinco repeticiones cada uno. Se necesitan dos porteros y tres entrenadores o alimentadores. Alguien tendrá que asegurarse de que haya un suministro de balones donde se necesiten. Cada par de conos soporta una actividad de ejercicios de velocidad.

Actividad de velocidad uno y dos

Estas dos actividades funcionan conjuntamente. En la Actividad 1, utiliza una escalera de sprints (a veces denominada "de ritmo"). Es muy útil para desarrollar el impulso al principio de un sprint. Los jugadores deben impulsar las piernas con zancadas cortas y fuertes.

El jugador esprinta a través de la escalera y, a continuación, realiza un pase de pared, con un entrenador. A continuación, el jugador acelera hacia el espacio para la devolución. El jugador de la Actividad 1 cruza el área penal hacia un jugador de la Actividad 2.

Este jugador ha corrido junto a los conos cuatro a siete (dependiendo de la edad del jugador) en su ejercicio. Estos ejercicios son para desarrollar un patrón de zancada uniforme. Los jugadores colocan los pies en línea con cada cono.

Una vez atravesados los conos, corren a rematar el centro proporcionado por el jugador de la primera actividad.

Actividad de velocidad tres y cuatro

Estas actividades trabajan en sentido contrario a la Uno y la Dos, provocando ataques a la portería contraria. La actividad Tres ayuda a trabajar el control de las piernas. Los jugadores corren hacia un balón situado a medio camino entre sus dos conos. Se mueven para tocar ligeramente la parte superior del balón con la planta del pie, alternando pie izquierdo y pie derecho. Dan seis toques al balón y siguen corriendo. Un entrenador da un pase y el jugador corre y hace un centro.

Mientras tanto, el jugador de la actividad cuatro busca llegar para rematar el centro con un tiro a puerta. El jugador ha esprintado hacia delante y se ha detenido justo antes del último cono para intercambiar un pase con un entrenador. Devuelve el pase y esprinta hacia el centro, calculando su llegada en el momento justo para recibir el centro.

Repite los ejercicios hasta que cada jugador haya completado la cantidad establecida (hasta diez, dependiendo del tiempo). A continuación, pasa a la siguiente habilidad de velocidad.

Habilidades clave:

- Comunicación. Los ejercicios deben realizarse a velocidad, pero de forma que los jugadores puedan trabajar juntos.
- Aplicar la técnica de sprint descrita anteriormente.

- Trabajar a velocidad, pero con suficiente control para seguir siendo eficaz con el balón. Esto puede implicar ralentizar un poco la aproximación al balón.

Desarrollo:

- Utilizar diferentes ejercicios.

Recursos: Equipo de formación

Hay una serie de recursos que un club puede adquirir para agilizar el trabajo. Son buenos, pero tienen sus inconvenientes. En primer lugar, son caros. En segundo lugar, no se prestan a actividades de grupo (de ahí la variedad de actividades en el ejercicio anterior).

Las escaleras de velocidad son uno de los mejores recursos en los que puede invertir un club. Los paracaídas, que proporcionan resistencia en el trabajo de sprint, desarrollando grupos musculares, también son buenos. Los arneses elásticos de goma ofrecen efectos similares.

No recomendaríamos invertir en estos dos últimos si estamos trabajando con un equipo de jugadores jóvenes. Los paracaídas y los arneses pueden llevar mucho tiempo, y si los jugadores necesitan ayuda para ponérselos, una sesión de sprint se convierte en tiempo de disfraz.

Instalaciones: Utilizar el entorno para una formación de bajo costo

Sin embargo, muchos campos de entrenamiento tienen pequeñas pendientes en su exterior. Si tenemos la suerte de contar con una es perfecta para el trabajo de velocidad. Correr por una pendiente ofrece un gran entrenamiento para los músculos, desarrollando la potencia en las piernas.

Siempre que la cuesta no sea demasiado empinada, también puede resultar útil en los descensos. Se gana velocidad extra y el corredor debe concentrarse más en la técnica para mantener el control.

Es importante que el trabajo cuesta abajo se realice en la menor pendiente. Se producirán caos y, lo que es más grave, lesiones si la actividad no se evalúa en función de los riesgos y no está bien supervisada.

He aquí los puntos clave del capítulo:

- Esprintar para crear espacios es una habilidad clave en el arsenal del rematador experto.
- La velocidad puede desarrollarse, al menos hasta cierto punto
- Esto es especialmente así en la ráfaga de cinco a diez metros, vital para un buen rematador.
- La técnica debe estudiarse y aplicarse

- Los ejercicios pueden mejorar aún más esta destreza, por lo que merece la pena practicarla.
- Aunque el equipamiento puede ayudar, también podemos utilizar nuestro entorno para acelerar el desarrollo.

A continuación, consideraremos el carácter vital de que los jugadores se sientan cómodos utilizando ambos pies para rematar.

Usar los dos pies para disparar

El objetivo de cualquier jugador es utilizar con la misma comodidad un pie que el otro. La capacidad de conseguirlo abre un sinfín de oportunidades para el jugador. De repente, ambas bandas se convierten en opciones serias de juego; es más fácil crear espacio, ya que está disponible a ambos lados del cuerpo; las oportunidades de pase y disparo son más viables, ya que no es necesario desplazar el balón, o el cuerpo, para usar el pie más fuerte.

Por supuesto, estar a dos pies adquiere aún más importancia cuando se dispara a puerta. Suele ser en el momento en el que menos tiempo hay y más se necesita reaccionar con rapidez. Estar a dos pies da al jugador muchas más oportunidades de marcar.

Como entrenadores, deberíamos incluir algún uso del pie más débil en cada sesión. Como jugadores, si queremos llegar a ser lo mejor que podamos, debemos trabajar con nuestro pie más débil hasta que deje de serlo. Empezar joven es la clave. Los responsables de equipos sub-6 o sub-7 tienen una responsabilidad adicional a la hora de ayudar a sus jóvenes a que dominen ambos pies. Porque, incluso a la edad de cinco años, los niños pequeños favorecerán naturalmente un lado sobre el otro. A los doce años, el cambio es muy, muy difícil de conseguir.

Ejercicio: Practicar la técnica

Para la mayoría de los jugadores con un solo pie dominante, el problema de usar los dos pies es que el pie más débil les resulta incómodo. Esto se debe a que la técnica es débil. Como entrenadores, tenemos el deber de mejorar la capacidad global del jugador, y eso incluye animarle a alcanzar el objetivo. Al mismo tiempo, si conseguirlo fuera tan sencillo como trabajar el pie más débil, todos los entrenadores y todos los jugadores se fijarían ese objetivo.

Para los más capaces, los más comprometidos y los más decididos, este enfoque probablemente funcionará. Para muchos, sin embargo, no. Los jugadores, jóvenes y veteranos, necesitan sentir el éxito en lo que practican, y también necesitan disfrutarlo.

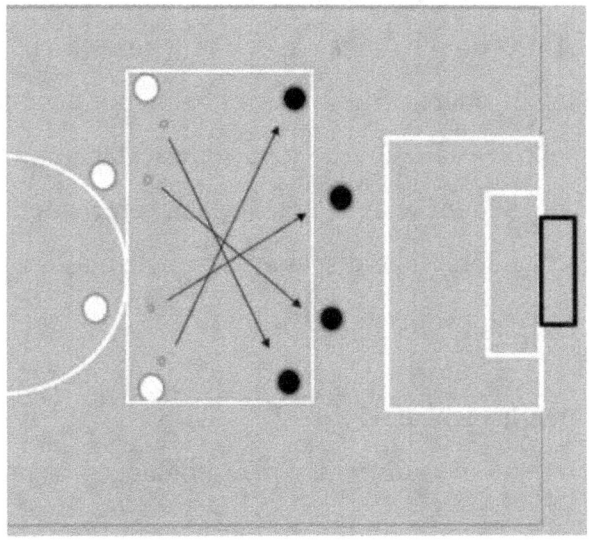

Aquí es donde este ejercicio cobra todo su sentido. Es activo y divertido.

Uso con: todas las edades. El caos organizado del ejercicio lo hace popular entre los niños.

Objetivos: Trabajar el pie más débil.

Equipamiento: Conos para marcar una cuadrícula de aproximadamente 20 metros x 10 metros. Balones.

Funcionamiento del ejercicio: Ocho jugadores se colocan alrededor del exterior de la cuadrícula, dos a cada lado. Los jugadores lanzan tiros bajos a través de la cuadrícula hacia el jugador situado en el ángulo opuesto. Un toque para controlar, y luego se devuelve el tiro. Los jugadores deben calcular el tiempo de tiro para ser precisos, y también para evitar golpear el tiro de otro jugador que atraviese la cuadrícula. Nota: el objetivo de los jugadores no es pasar el balón por encima de su compañero. Su compañero está colocado para representar un tiro a una esquina, y como tal el jugador debe apuntar a disparar directamente a este compañero. Nota: los jugadores sólo disparan con el pie más débil.

Habilidades clave:

- Mantener la técnica de tiro
- Concéntrate en disparar por potencia, usando los cordones.

- Apunta a través de la cuadrícula, para imitar cuando apuntas a las esquinas de la portería.

Desarrollo:

- Introducir el tiro firme con el pie lateral.

Ejercicio: Ejercicio de seis jugadores

Aquí pasamos a una situación más realista para practicar el tiro con el pie más débil.

Uso con: menores de 9 años en adelante. Los jugadores deben tener edad suficiente para mantenerse en su espacio.

Objetivos: Trabajar el pie más débil mientras se le somete a presión.

Equipamiento: Conos para delimitar una cuadrícula de aproximadamente 30 metros x 10 metros. Más conos para dividir esta cuadrícula en tres zonas de aproximadamente 10 metros x 10 metros. Balones.

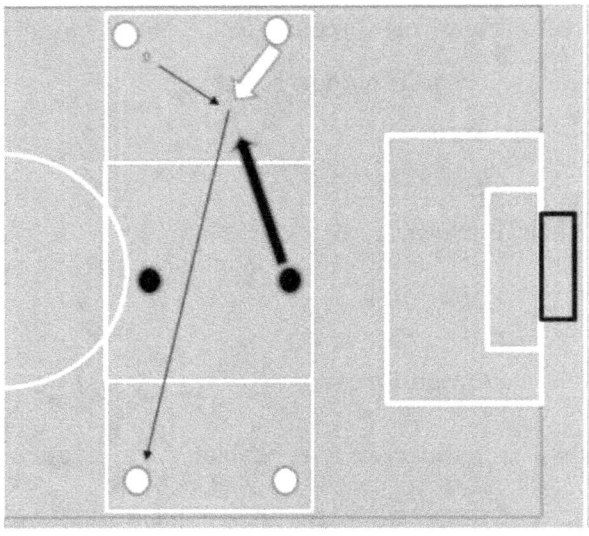

Funcionamiento del ejercicio: Seis jugadores se dividen en tres grupos de dos. (A cada grupo se le da una pequeña cuadrícula en la que trabajar). El juego comienza con un jugador en una cuadrícula final. Se hace un pase delante de su compañero. Su compañero corre hacia el balón y dispara la primera vez utilizando su pie más débil. Mientras tanto, uno de los dos jugadores de la cuadrícula central avanza hacia la cuadrícula de tiro para presionar el balón. Nota: la precisión del tiro se consigue golpeando hacia el equipo del otro extremo. No hay portería física. Una vez completado el tiro, el ejercicio se repite desde el extremo opuesto.

Si un defensa intercepta, devuelve el balón al pasador de la cuadrícula que acaba de efectuar el tiro. Cambia de posición después de tres o cuatro minutos para que todos los jugadores tengan un turno como defensores. (Este ejercicio también sirve para tirar con el pie más fuerte).

Habilidades clave:

- Mantener la técnica bajo presión.
- Concéntrate en disparar por potencia, utilizando los cordones o,
- con precisión utilizando el pie lateral. Sin embargo, el balón debe jugarse como un tiro, no como un pase.
- Apunta para disparar en ángulo.
- Pon el cuerpo en posición para disparar a la primera.
- Pasa con simpatía para permitir que un jugador corra hacia el balón y dispare a la primera.
- Presiona el balón, acercándote rápidamente, pero bajo control.

Desarrollo:

- Coloca dianas en cada extremo, para fomentar el tiro de precisión y a través de la cuadrícula.

Ejercicio: Regate y tiro

A los jugadores, especialmente a los más jóvenes, les encanta regatear. Se trata de un ejercicio activo en el que trabajan varios jugadores a la vez.

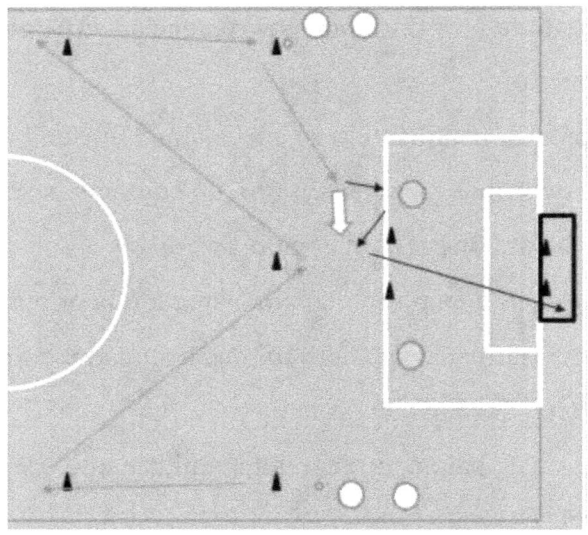

Uso con: Todas las edades.

Objetivos: Hacer que el uso del pie débil se sienta natural.

Equipamiento: Conos para delimitar la zona de juego según el diagrama. Dos conos para formar una puerta de tiro. Conos para dividir la portería en tres zonas, a fin de fomentar el tiro de esquina. Balones.

Funcionamiento del ejercicio: Hay dos grupos de jugadores, uno junto a cada uno de los conos anchos. Se utilizan dos jugadores adicionales para proporcionar la alimentación. Un jugador regatea hacia el cono alejado de la portería, recorta hacia el cono central, se dirige hacia la esquina opuesta y vuelve al punto de partida opuesto. A continuación, el jugador conduce en ángulo hacia la portería. El jugador da un pase al pasador y continúa su carrera hacia la "puerta de tiro" de dos conos. El pasador pone un pase en su trayectoria. El jugador avanza hacia el balón y dispara, ya sea a la primera o tras un toque, con el pie que le resulte más cómodo (es decir, con el pie izquierdo si conduce desde la derecha, y con el pie derecho si conduce desde la izquierda). El objetivo es disparar a las esquinas.

Cada vez que un jugador alcance un cono, pone en marcha a otro jugador desde el lado opuesto del campo. De este modo, muchos jugadores estarán activos al mismo tiempo.

Habilidades clave:

- El regate utilizando los dos pies para girar, y los cordones para correr a ritmo.
- Dar un pase preciso.
- Ajustar el ritmo para correr hacia el tiro.
- Disparar con los dos pies.

Desarrollo:

- Introducir un portero. Esto funciona mejor con dos porteros que disparan alternativamente. Es una buena práctica para el portero, ya que tiene poco tiempo para recuperarse de su disparo anterior.
- Haz que los jugadores añadan una habilidad durante su regate. Por ejemplo, un paso por encima o una finta.

Partido: Cambio de pie

Todos los entrenadores saben que no hay nada como un partido al final de una sesión para practicar las habilidades aprendidas durante la misma. Incluso a los profesionales veteranos les gusta terminar con un partido de cinco contra cinco, por lo que es aún más importante para los jugadores más jóvenes. Los grupos deben ser reducidos para que los jugadores toquen mucho el balón.

Este partido es controlado. El entrenador grita "Izquierda", "Derecha" o "Alternar", cambiando cada treinta segundos aproximadamente. Los jugadores deben utilizar el pie indicado. "Alternar" significa exactamente lo que dice, que deben utilizar un pie diferente para cada toque.

He aquí los puntos clave del capítulo:

- Los jugadores con dos pies son más eficaces
- Es posible hacer que un jugador sea competente con los dos pies
- Hacerlo es un trabajo duro. Pero es más fácil si empezamos de jóvenes

Otra habilidad emocionante a continuación. ¡Volear!

Habilidades y ejercicios de volea

Si un gol es el momento más emocionante y dramático del fútbol, cuando ese gol procede de una volea, la emoción es aún mayor. Hay muchos tipos de voleas, desde el despeje lateral cuidadosamente juzgado de un defensa central hasta la explosiva tijera o el improbable disparo por encima de la cabeza.

Todas son voleas. Veremos las dos últimas en un capítulo posterior, pero aquí nos concentraremos en la volea estándar. Sigue siendo espectacular, sigue siendo un gran reto de dominar, pero es el tipo de oportunidad que se presenta con la suficiente frecuencia como para convertirla en una parte esencial del casillero de todo gran rematador.

Una volea es un golpe de la pelota cuando aún está en el aire. Para que tenga éxito, requiere equilibrio, control y una toma de decisiones temprana.

Técnica: Dominar la volea como golpe

- Un jugador debe decidirse lo antes posible a intentar una volea. Esto se debe a que necesitan el mayor tiempo posible para colocar su cuerpo en posición.
- Imagina el punto de contacto con la pelota, juzgando su arco. Normalmente, este punto estará ligeramente más

alejado del cuerpo que en un golpe desde el suelo. Lo ideal es que el jugador golpee el balón en el punto más bajo de su trayectoria alcanzable.

- Fijar la cabeza en ese punto. Tener la cabeza lo más quieta posible ayudará a asegurar la mejor forma del cuerpo
- Levantar los brazos para mantener el equilibrio
- Coloca el pie que no patea de manera que esté ligeramente detrás y a un lado de la zona de golpeo percibida.
- Encabezar el golpe con la rodilla del pie que patea.
- Lleva el pie de golpeo por detrás de la rodilla y comenzar a extender la pierna.
- Apuntar los dedos de los pies ligeramente hacia abajo
- Bloquea el tobillo
- Controlar la velocidad del movimiento de las piernas; demasiado rápido y se pierde precisión en el golpe.
- Apunta a la parte media o superior del balón
- Golpear el balón con la pierna ligeramente flexionada.
- Un golpe con el empeine será más preciso
- Un golpe con los cordones más potente
- En ambos casos, sigue suavemente, asegurándote de que los brazos permanecen fuera para mantener el equilibrio.

- Asegúrate de que la cabeza está por encima del balón para evitar que el disparo sobrevuele el campo.

¡Fácil! O no. Por lo tanto, se requiere mucha práctica para dominar esta técnica. Una diferencia importante entre una volea y un remate es que en este último es necesario generar velocidad, sobre todo si la pelota está parada o se mueve lentamente. Con una volea, la pelota tiene ritmo de forma natural (o estaría en el suelo), por lo que el control se convierte en algo mucho más importante que golpear la pelota con fuerza. Incluso con un ejercicio, la visión de un gol llena de adrenalina al jugador y el deseo de reventar la red se apodera de él. Especialmente con los jugadores más jóvenes. Por lo tanto, es una buena idea trabajar la técnica sin utilizar una portería en las primeras etapas. Una vez establecida la técnica, puede empezar la diversión.

Ejercicio: Establecer la técnica

Se trata de un ejercicio divertido y sencillo. Podemos animarlo añadiendo un portero, lo que gustará especialmente a los jugadores más jóvenes.

Uso con: Todas las edades.

Objetivos: Perfeccionar la técnica de la volea.

Equipamiento: Conos para delimitar un cuadrado o un círculo de unos 10 metros de diámetro. Balón.

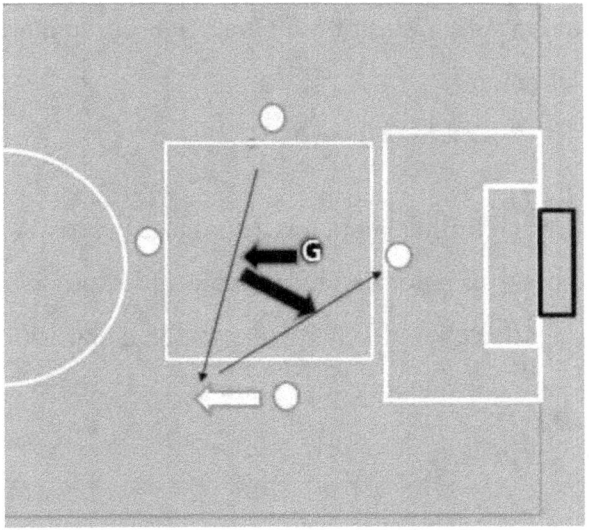

Funcionamiento del Ejercicio: Un jugador a cada lado de la cuadrícula. Un portero en el centro (opcional). Los jugadores lanzan una volea desde sus manos a través de la red hacia un compañero de equipo. Deben intentar evitar que el portero intercepte el balón, pero controlar la volea lo suficiente como para que su compañero pueda controlar el balón. Dos puntos si el equipo puede controlar el balón utilizando una parte legal del cuerpo fuera del campo, un punto si tiene que utilizar las manos. Sin puntos si el portero intercepta el balón o si el balón sobrepasa su objetivo. El jugador que recibe la volea recoge entonces el balón para volearlo a otro jugador.

Habilidades clave:

- Seguir la técnica descrita anteriormente
- Volear con suficiente control para que el compañero pueda parar el balón

Desarrollo:

Añade jugadores y elimina la opción de usar las manos. Ahora los jugadores deben mantener el balón lejos del suelo mediante cabezazos, pechazos, rodillazos o voleas. Pueden jugarse el balón a sí mismos, pero deben hacer un pase para que cuente como punto.

Ejercicio: Volea desde el saque de banda

Vamos a preparar ahora tres ejercicios para practicar situaciones que pueden darse en los partidos. En los dos primeros, los jugadores volearán desde lejos y deberán golpear el balón con los cordones. En el tercero, los jugadores volearán desde mucho más cerca y deberán usar el lateral para mayor precisión, ya que, si dan en el blanco, es probable que marquen desde esa distancia.

Uso con: Todas las edades.

Objetivos: Acercarse correctamente al balón para volear a la primera.

Equipamiento: Balones. Maniquí (opcional).

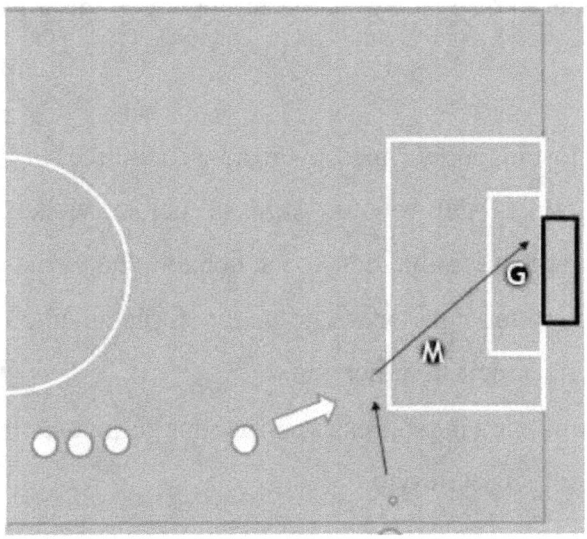

Funcionamiento del ejercicio: El entrenador o un compañero efectúa un saque lateral desde la esquina del área penal. El jugador que practica la volea corre para golpear el balón que rebota y volearlo a través de la portería. Se puede utilizar un maniquí para que la volea sea más difícil.

También se puede introducir un portero para que el ejercicio resulte más interesante para los jugadores.

Habilidades clave:

- Correr para alcanzar el balón cuando cae al suelo tras un rebote.

- Golpear el balón con un seguimiento suave
- Apuntar al otro lado de la portería para evitar al maniquí.

Desarrollo:

- Con los jugadores más avanzados, anímales a sacar la volea antes del rebote. Aquí la pelota viene de una trayectoria más alta, por lo que la habilidad es más difícil.
- Animar a los jugadores a golpear completamente el balón para introducir la inmersión.
- Permitir a los jugadores experimentar golpeando la pelota para inducir el desvío.

Ejercicio: Volea de despeje/espera en el borde del área

Más adelante nos ocuparemos de los saques de esquina y de falta, pero siempre merece la pena situar a un jugador al borde del área en estas situaciones. Su trabajo no consiste en correr y cabecear el balón, sino en esperar los despejes para poder disparar desde lejos. Con muchos cuerpos por delante, el portero a menudo no está a la vista en estas situaciones, o pueden producirse desvíos de los defensas o los delanteros que den lugar a goles.

En estas situaciones, un defensa intentará por lo general derribar al lanzador, lo que significa que debe disparar con rapidez. Esto significa que la habilidad con la volea es esencial en un jugador que desempeñe esta función al borde del área.

Uso con: Todas las edades.

Objetivos: Volear a la primera, o después del control de pecho/rodilla, en una pelota que viene directamente hacia ti.

Equipamiento: Balones. Maniquíes para representar un área de penalti abarrotada. Pueden sustituirse por jugadores, aunque hay que tener cuidado con las lesiones que pueden causar los disparos.

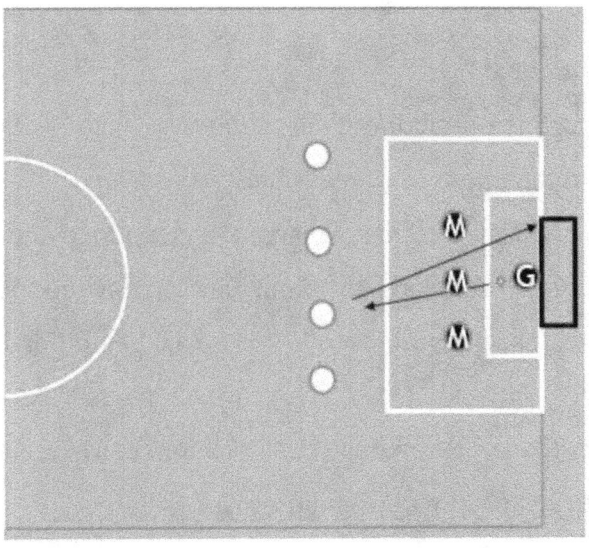

Funcionamiento del ejercicio: Los atacantes se despliegan un poco más allá del borde del área. Cuantos más atacantes haya, más ángulos se podrán utilizar para disparar. El portero comienza con el balón y lo lanza hacia uno de los atacantes. La volea imita un despeje de puños o de cabeza, por lo que debe ser alta, no demasiado potente y con caída.

El jugador atacante más cercano pide el tiro y ataca el balón, juzgando el mejor momento para el golpe.

Habilidades clave:

- Comunicación
- Juzgar rápidamente si es el jugador mejor situado para recibir de volea.
- Atacar el balón
- Alcanzar el objetivo (Por supuesto, esto siempre es importante, pero lo es más en esta situación. Si el portero tiene una visión clara del disparo, a menudo lo atajará. Sin embargo, en esta situación, su visión podría estar oscurecida, además de que existe la posibilidad de un desvío. Por lo tanto, un tiro a puerta tiene más posibilidades de marcar. La relación entre precisión y potencia se inclina hacia la primera).

Desarrollo:

- Introducir un defensa para cargar el balón

Ejercicio: Volea desde un centro

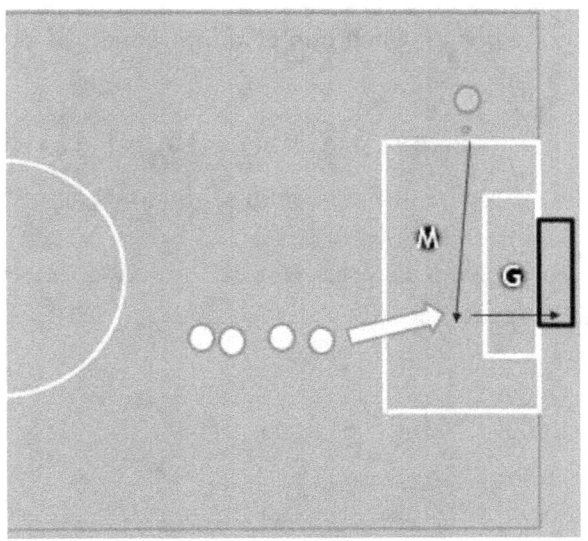

En este ejercicio, el jugador dispara de volea desde corta distancia. Es poco probable que el portero detenga el disparo si va a puerta. El método más preciso para disparar consiste en utilizar el empeine. Por lo tanto, aquí las voleas se realizan con el empeine.

Uso con: Todas las edades.

Objetivos: Volear una pelota que viene cruzada. Volear con precisión.

Equipamiento: Uno o dos maniquíes para representar a los defensas que pueden impedir la visión clara del centro. Balones.

Funcionamiento del ejercicio: Un ejecutor lanza el balón a través del área penal, más o menos en línea con el punto penal. El portero es opcional, pero para evitar lesiones y permitir que funcione el objetivo principal del ejercicio, es decir, de volea, deben permanecer en su área de seis yardas. Un delantero recibe el balón en el segundo poste.

Deben golpear la volea la primera vez, utilizando el empeine. (Véase la técnica más arriba).

Habilidades clave:

- Cronometrar la carrera
- Volea con control más que con poder
- Cabezas por encima del balón para asegurarse de que no sobrevuele el campo.

Desarrollo:

- Jugar los centros con los pies, para que el balón tenga más velocidad y sea por tanto más difícil de volear, pero más parecido a la situación del partido.

Táctica: Remate en el segundo poste

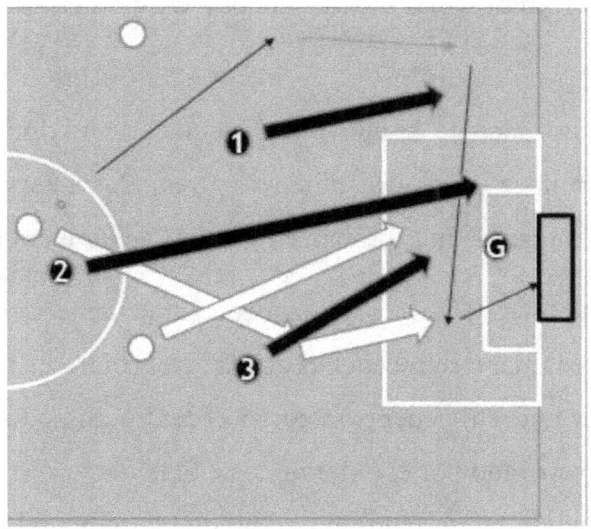

Esta táctica puede emplearse en una situación de tres contra tres, en la que un jugador en posesión del balón tiene tiempo de lanzar un pase preciso. El objetivo es atraer a los defensas hacia el balón, creando espacio para que el delantero que llegue pueda rematar con un disparo lateral o de volea.

Primera fase: El jugador en posesión del balón lanza un pase largo a un extremo que apoya la ruptura. El defensor uno (arriba) debe seguir a este jugador como el defensor más cercano.

Segunda fase: El jugador que realiza la jugada se aleja en diagonal hacia el borde opuesto del área penal, convirtiéndose en el jugador menos peligroso.

Tercera fase: El último atacante de apoyo realiza una carrera dinámica y profunda hacia el primer poste. Su defensor (tres) debe seguir esta carrera, ya que es la situación más probable de la que se derivará un gol.

Cuarta fase: El otro defensa, el cuatro, se encuentra ahora ante un dilema. ¿Siguen al pasador original o retroceden para cortar el centro resultante? En efecto, debe optar por retroceder para cortar el centro. Si no lo hacen, y el defensa uno es superado por el extremo, éste tiene una clara carrera hacia la portería y puede patear para un probable gol, ya que el portero se verá obligado a salir para cubrir su primer poste.

Quinta fase: El extremo no intenta superar a su defensor, sino que centra desde lejos. Al hacerlo, elimina a los tres defensas, dejando sólo al atacante que corrió hacia el primer palo.

Sexta fase: El pasador original tiene ahora tiempo para atacar el segundo poste, que estará desprotegido. El portero también estará fuera de posición, ya que habrá sido atraído hacia su primer poste. El centro más probable que no se corte es un centro elevado, ya que se enroscará alrededor de la defensa y lejos del portero. Por lo tanto, es probable que el delantero tenga que rematar con una volea lateral.

Punto de orientación: Explicar y preparar el escenario. Esto puede desarrollarse en un partido de seis contra seis con límites. En este caso, cada equipo tiene dos delanteros que deben permanecer en el campo contrario, y dos defensas que deben permanecer en el propio (más un portero). Sólo al centrocampista se le permite jugar en ambas mitades y, por tanto, será el jugador de repuesto que llegue para marcar. Cuenta cualquier gol marcado utilizando la táctica anterior como dos puntos, y cualquier otro gol como un punto.

Partido: Remates de cabeza y voleas

¿Por qué no? Pasarse el balón en el parque es una manera relajada de practicar la volea, siendo el favorito indiscutible. Es recomendable limitar el cabeceo cuando se juega con niños pequeños o incluso con adultos. Para aquellos que no estén familiarizados con esta actividad constante, se necesita un portero, un balón, una portería y varios jugadores. Eso es todo. Uno o dos jugadores se encargan de los pases, los balones y los centros, mientras que los demás intentan marcar goles de volea. La técnica se vuelve automática con la práctica. Este juego es popular en todas las edades, incluyendo a los adultos. El único requisito es que los jugadores tengan la edad y la habilidad necesarias para hacer buenos centros.

He aquí los puntos clave del capítulo:

- Marcar con una volea es ciertamente raro
- Pero practicar para mejorar la volea es divertido
- El fútbol es diversión
- Por lo tanto, los ejercicios para mejorar la volea tienen un valor que va más allá de la propia habilidad.

En el próximo capítulo nos adentraremos en el laberíntico mundo del remate de una carrera de regate.

Ejercicios de regate y remate

Hay muchos aspectos del fútbol que hacen que el público se ponga en pie, el corazón se acelere y la adrenalina fluya. Un disparo espectacular, un pase incisivo (sin duda, lo más parecido al arte que puede ofrecer el mundo del deporte), una gran parada...

Y un regate magnífico. Cuando ese regate acaba en gol, es aún más emocionante.

Ejercicio: Crear espacio para el tiro al regatear (Finta/paso por encima)

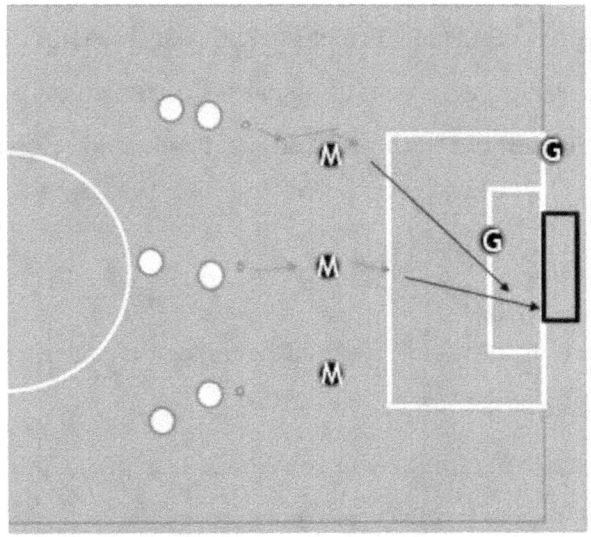

En este ejercicio, de ritmo rápido, los jugadores atacan a un maniquí (o a un defensa inmóvil), le ganan la partida con habilidad, o abren espacio para el disparo, y luego chutan por encima del portero.

Uso con: Todas las edades.

Objetivos: Crear suficiente espacio para poder disparar.

Equipamiento: Tres maniquíes. Balones.

Funcionamiento del ejercicio: Los jugadores se alinean en tres grupos a lo largo del terreno de juego. Los maniquíes se colocan justo fuera del área penal. Juega un portero, con un segundo que puede rotar si se desea. Los jugadores regatean al maniquí y, a continuación, utilizan una habilidad para crear espacio para el disparo. La técnica para el paso por encima, la finta, el cambio de ritmo y el giro de gancho se enumeran debajo de este ejercicio.

Habilidades clave:

- Corre a un ritmo de tres cuartos, antes de acelerar
- Emplear la habilidad de crear espacio
- Disparar con rapidez una vez creado el espacio, apuntando a través de la portería para los córners.

Desarrollo:

- Sustituir el maniquí por un defensor activo.
- Introducir a un compañero para atacar el segundo palo en busca de rebotes o centros

Técnicas para vencer a un defensor

No es esencial tener una gran velocidad para crear espacio para un disparo cuando se regatea. Lo más importante es la astucia.

- Acércate al defensor a paso de tres cuartos
- Regatea con los cordones, dando pasos cortos y ligeros.
- Decidir con antelación qué técnica se utilizará
- Mantén el equilibrio mientras el defensa retrocede

Paso por encima

Utilizar el pie adelantado para cruzar y pasar por encima del balón, dejando caer el hombro en la dirección del movimiento del pie.

- Pon este pie, luego arrastra el balón lateralmente con el exterior del otro pie

- Utiliza este segundo pie para golpear el balón hacia delante a unos sesenta grados.
- Acelera a toda velocidad en el espacio creado.
- Dispara
- Practicar el uso de pasos múltiples con pies alternos (¡mira videos de Ronaldo en sus mejores momentos, de cuando era más joven y jugaba como extremo!)
- Cuando el peso del defensor se haya desplazado completamente hacia un lado, completa el último paso y aléjate para patear o continuar tu regate.

Finta

- Suelta el hombro y da un paso firme hacia un lado
- "Engaña", es decir, mira el espacio a este lado, como si fueras hacia allí.
- Utilizar el exterior del otro pie para golpear el balón hacia delante a unos sesenta grados hacia el otro lado del jugador.
- Acelera fuerte hacia el espacio creado
- Regatea o disparar

Cambio de ritmo

- Golpear el balón más allá del defensor

- Acelerar rápidamente hacia el balón, utilizando este cambio de ritmo para crear el espacio necesario.
- Dispara

Giro de gancho

Esto es especialmente útil cuando se corre a lo ancho por el lado "equivocado". Es decir, por la izquierda para un pie derecho y por la derecha para un pie izquierdo. El giro en gancho crea un poco de espacio y lleva los balones a tu pie más fuerte, listo para el disparo o el centro.

- Utilizar un cambio de ritmo para golpear el balón en el exterior del defensor
- Utilizar el exterior del pie "interior" para parar el balón. Es decir, el pie derecho si estás en la izquierda o el pie izquierdo si estás en la derecha
- Utilizar el mismo pie y movimiento para arrastrar el balón hacia atrás cerca de ciento ochenta grados.
- Utilizar el mismo pie para golpear el balón a unos 45 grados, o menos, en dirección a la portería. Si planeas un tiro, este giro de 45 grados debería llevarte un poco hacia atrás, hacia la línea de medio campo.
- Golpear el balón para dar otro toque si hay tiempo
- Acelera a toda velocidad

- Ahora estarás dentro del defensor, con tu cuerpo protegiendo el balón.
- Mantener los brazos extendidos para mantener el equilibrio y la protección, estabilízate.
- Pasa el balón con firmeza con el empeine, y el disparo o centro se curvará hacia el segundo poste.

Técnica: Uno contra uno con el portero (ancho y recto)

Los delanteros disponen de varias opciones cuando se encuentran frente al portero. La capacidad de mantener el control, decidir y ejecutar con calma es la diferencia entre los jugadores que suelen marcar en esta situación y los que suelen fallar.

Con tantas opciones, el jugador debe decidir rápidamente cómo piensa terminar la jugada. El primer paso es echar un vistazo a su alrededor. El jugador se hace preguntas para evaluar la situación. ¿Cuánta presión ejerce el defensor más cercano? ¿Tengo el apoyo de un compañero? ¿Dónde estoy en relación con la portería? ¿A lo ancho o en el centro?

Una vez respondidas estas preguntas, el jugador decide su remate. Si un compañero de equipo está en apoyo, la mayoría de los buenos rematadores intentarán utilizarlo, ya sea para atraer al portero y pasar al espacio, o para utilizarlo como muñeco que les permita finalizar la jugada ellos mismos.

Si hay un defensa cerca, esto limita un poco las oportunidades. En este caso, el delantero intentará colocar su cuerpo entre el defensa y el balón. Esto dificulta mucho la entrada, ya que si el defensa comete una falta en esa situación, lo más probable es que reciba una tarjeta roja o regale un penalti. Posiblemente ambas cosas.

Opciones:

Rodear al portero

- Reducir a tres cuartos de ritmo
- Utilizar una habilidad, como una finta, un paso atrás o un arrastre hacia atrás para crear espacio y ganarle al portero.
- Engañar, para atraer al portero hacia un lado, mientras se mueve el balón hacia el otro.
- Recuerda que el portero puede utilizar sus manos, por lo que puede cubrir un área mucho más amplia. Por lo tanto, el movimiento al rodearlo debe ser exagerado.

Dispara pronto

- Si el portero no está en posición, disparar pronto, es decir, desde el borde del área, puede ser una táctica acertada.

- El portero probablemente se moverá hacia delante para reducir los ángulos hacia su portería.
- Dispara fuerte y bajo, usando el pie lateral para mayor precisión.
- Si hay espacio disponible hacia las esquinas, apunta hacia allí. Si no es así, un tiro dirigido cerca de las piernas del portero es una buena táctica. El portero intentará hacerse lo más grande posible, lo que le dificultará llevar las manos a la zona cercana a su cuerpo.
- Un tiro preciso entre las piernas suele acabar en gol

Sortear al portero

- Corree directamente hacia el portero desde una posición central, es una táctica útil, especialmente si el portero está en posición
- Cuando el portero está en posición, estará bajo, con los brazos y las piernas abiertos para hacerse lo más grande posible.
- Prueba haciendo un muñeco. Haz una semipausa o prepárate para disparar, pero no lo lleves a cabo.
- Cuando el portero vaya al suelo, golpea el balón bajo utilizando el empeine, e inclinándote ligeramente hacia atrás.

- No es necesario imprimir demasiada velocidad al golpe, ya que podría elevar el balón por encima del campo.

Sortea al portero y pasa al espacio

- Cuando un compañero está en apoyo, conduce hacia el poste contrario.
- Atrae al portero hacia el poste, abriendo la portería
- Pasa a través de la portería, asegurándote de que el compañero está a la altura o por detrás del balón (para evitar el fuera de juego).
- Si el portero no se compromete a cubrir su poste, simplemente introduce el balón en este espacio con un tiro raso y duro utilizando el empeine.

Sacar la falta

A veces, un delantero corre rápido hacia el balón y el portero avanza. En esta situación, puede que no haya tiempo para estabilizarse para un disparo, o espacio suficiente para dar un toque.

En este caso, intenta llegar con la punta del pie al balón antes que el portero que se tira. Levanta ambos pies del suelo para evitar lesiones y acepta el contacto. La jugada debería dar lugar, como mínimo, a un penalti.

Ejercicio: Uno contra uno - Diferentes escenarios

La habilidad para ganar al portero puede practicarse con un sencillo ejercicio de uno contra uno. Empieza desde diferentes posiciones y permite que el delantero corra hacia el portero, abierto o recto, e intente marcar. Añade un defensa y luego un jugador de apoyo para desarrollar el ejercicio.

El siguiente ejercicio lleva esto un paso más allá, a la situación en la que un equipo rompe y tiene una sobrecarga. Se trata de una situación de juego habitual tras una transición de posesión, especialmente a partir de, por ejemplo, un saque de esquina.

Uso con: Todas las edades. Sigue las reglas de fuera de juego cuando se apliquen al grupo de edad.

Objetivos: Marcar en un uno contra uno con un portero. Crear un uno contra uno con el portero.

Equipamiento: Balones. Medio campo

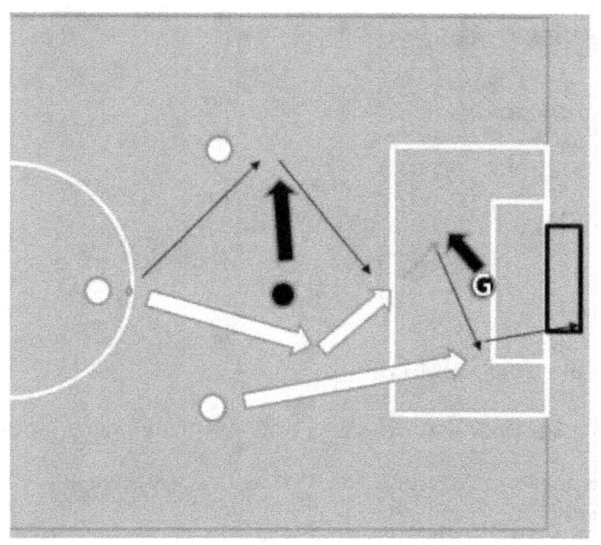

Funcionamiento del ejercicio: Se trata de un juego de tres contra uno más un portero. El juego comienza en el círculo central. El atacante trata de atraer al defensa para dejar espacio a un compañero. En la ilustración, el defensa se abre, el pasador corre hacia el espacio que deja el defensa, atrae al portero y juega a través de la portería hacia un compañero. Pero hay muchas situaciones en las que un jugador puede pasar al portero. Por ejemplo, el jugador que tiene la posesión puede correr hacia el defensa y, a continuación, deslizar un pase por detrás de él para que un compañero llegue a la portería. Deja que los delanteros resuelvan el problema para crear esta situación de uno contra uno con el portero.

Habilidades clave:

- Comunicación
- Momento del pase
- Completar con éxito el uno a uno.

Desarrollo:

- Añadir un segundo defensa
- Juega un partido reducido con neutrales, que operan con el equipo que tiene la posesión. (Véase el diagrama siguiente). El objetivo del ejercicio sigue siendo el mismo: crear una situación de uno contra uno con el portero y finalizarla con un gol. Los jugadores grises son neutrales y trabajan para el equipo que tiene la posesión).

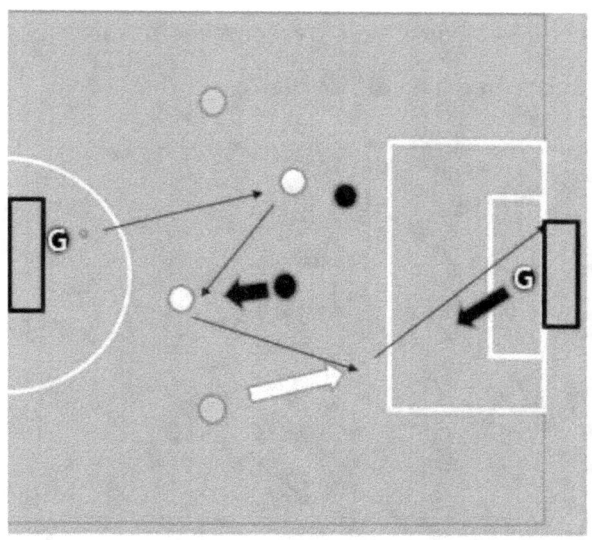

El rebote de Özil

Mesut Özil es uno de los mejores pasadores que ha dado el deporte rey. Aunque, la posteridad puede recordar su menos por este que por un remate que parece haber desarrollado él mismo. Conocido como el rebote de Ozil, este inteligente disparo es casi imposible de leer para los porteros.

En el uno contra uno, el centrocampista con clase golpea el balón con el empeine y lo empuja hacia el suelo. El balón rebota, pero el movimiento descendente le quita velocidad, de modo que, aunque parece que el balón va a viajar bajo y con fuerza, en realidad se eleva y se ralentiza. Los porteros deben prepararse para el disparo esperado, sólo para encontrarse con que el balón se eleva por encima de sus cuerpos postrados, después de haberse lanzado al suelo.

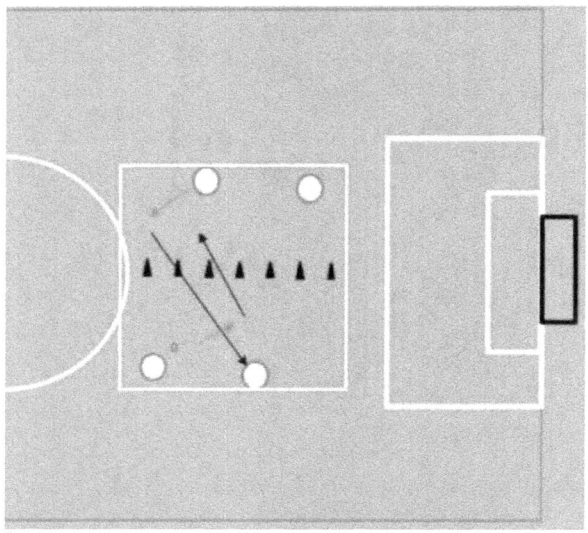

Uso con: A partir de 10 años. Los jugadores deben tener la fuerza suficiente para clavar el balón en el suelo.

Objetivo: Marcar elevando el balón por encima del portero, al tiempo que se le quita velocidad al balón.

Equipamiento: Varios conos bajos, estilo tráfico. Balón. Rejilla de 10 metros por 10 metros.

Funcionamiento: Dos jugadores a cada lado de la "red" de conos. El jugador uno dribla el balón hacia la 'red', juega el rebote Ozil sobre estos conos. El siguiente jugador controla el balón desde el fondo de la red y repite la habilidad. Para competir, comprueba cuántos rebotes consecutivos con éxito pueden hacer los jugadores.

Habilidades clave:

La técnica del rebote es la siguiente

- Regate de tres cuartos a toda velocidad hacia el portero.
- Coloca el pie que no patea como si fueras a lanzar un tiro potente.
- Dobla la rodilla del pie que dispara y levantar el pie en alto.
- Bajar el pie de tiro con fuerza, golpeando justo por debajo de la parte central del balón.
- Utilizar el empeine, más hacia el talón que hacia la punta, para golpear la pelota.
- La habilidad funciona especialmente bien cuando se corre en un ángulo y se dispara en el ángulo opuesto.

Desarrollo

- Se utiliza en una serie de uno contra uno contra el portero, lo que permite al delantero probar una variedad de remates.

He aquí los puntos clave del capítulo:

- Los grandes regateadores son los *Maverick* del juego
- Deben desarrollar su propia individualidad
- A pesar de lo anterior, un buen entrenador ofrecerá a los regateadores las herramientas para mejorar sus habilidades, junto con la libertad para explotarlas.

En el próximo capítulo, veremos cómo la influencia limitadora de trabajar dentro de un cuadrado pequeño puede mejorar el toque y el remate.

Remate dentro de un cuadrado

En este capítulo veremos algunos ejercicios de remate que pueden practicarse en cualquier lugar del campo de entrenamiento y que desarrollan las habilidades del rematador sin ofrecer siempre la distracción de un gol físico. Algunos de estos ejercicios incluyen un gol físico, otros no.

Ejercicio: Remate de cerca

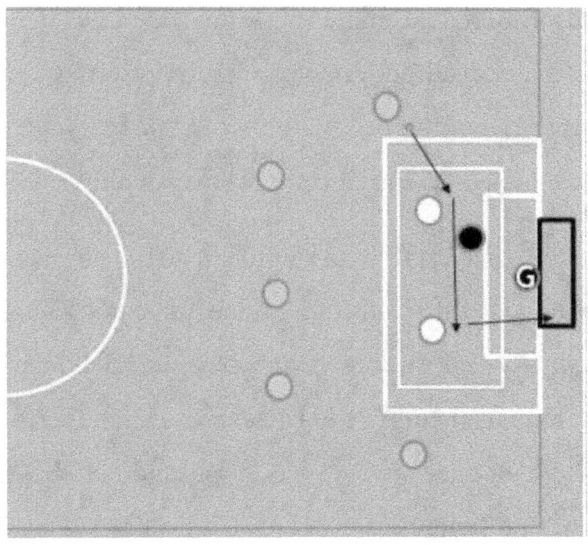

Utilizar un cuadrado marcado puede ayudar a los jugadores a posicionarse e imitar la presión de un partido durante los ejercicios. El cuadrado es especialmente útil para los remates cercanos. Y, a pesar de la alegría que produce un disparo de 30 metros al cuadro, se marcan muchos más goles con un remate a cercano.

Uso con: todas las edades. Con jugadores jóvenes, el ejercicio puede funcionar mejor eliminando al defensa e incluso al segundo "rematador". Esto crea más espacio y, en consecuencia, menos presión. Los jugadores adicionales pueden añadirse cuando el equipo domine el ejercicio.

Objetivos: Rematar con eficacia desde corta distancia.

Equipamiento: Balones. Cuadrado dentro del área de penalti. Cuanto más pequeño sea el cuadrado, mayor será la presión. Como guía, con un equipo juvenil o adulto de edad media, haz el cuadrado o rectángulo ligeramente más pequeño que el área de penalti.

Funcionamiento del ejercicio: Se colocan varios alimentadores justo fuera del área de penalti. Cada uno tiene un balón. Dentro del cuadrado, que está situado en el área penal, hay dos delanteros y un defensa. El balón se juega hacia uno de los atacantes desde fuera del área penal. El jugador debe marcar disparando o pasando el balón a su compañero de equipo, que tiene más espacio. El disparo (de cualquiera de los jugadores) debe ser al primer toque, ya que en un partido real habría poco tiempo para dar más de un toque en el área.

Habilidades clave:

- Comunicación
- Momento del pase
- Terminar rápida y eficazmente utilizando un tiro lateral con el pie.
- Ser consciente de las oportunidades que ofrecen los rebotes

Desarrollo:

- Hacer el cuadrado más pequeño para añadir más presión.

Ejercicio: Crear espacio con pases rápidos

Algunos dicen que este ejercicio fue desarrollado por el Barcelona específicamente para Lionel Messi. Si eso es cierto, debemos sacar nuestras propias conclusiones. No obstante, es un ejercicio estupendo para fomentar el movimiento e inyectar velocidad.

Uso con: Menores de 10 años con talento y menores de 11 años en adelante. El ejercicio consta de varias fases, cada una de las cuales debe completarse con precisión. Los jugadores más jóvenes pueden ser demasiado propensos a cometer errores y el ejercicio se romperá, lo que provocará frustraciones.

Objetivos: Marcar en un uno contra uno con un portero. Crear un uno contra uno con el portero.

Equipamiento: Balones. Rejilla de 5 metros x 5 metros, central y salvando el borde del área penal. Los jugadores más jóvenes podrían beneficiarse de tener conos para marcar sus movimientos y la dirección de sus pases.

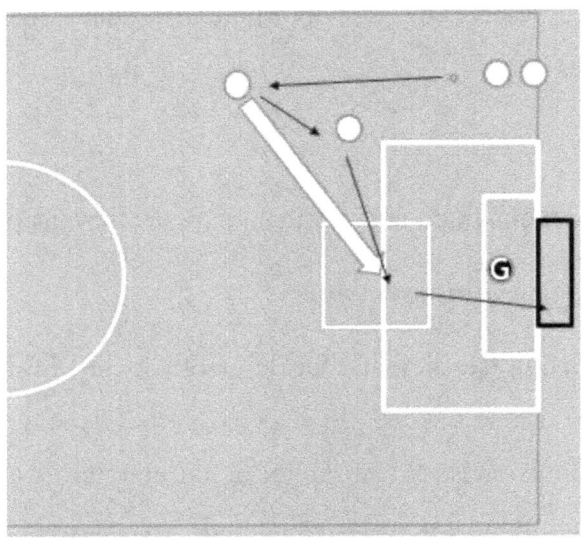

Funcionamiento del ejercicio: Cuatro atacantes más un portero. El balón comienza cerca de la esquina, donde dos jugadores (el pasador - jugador Uno y el jugador de repuesto - jugador Cuatro) están alineados. Sin embargo, el ejercicio puede funcionar con jugadores colocados de forma diferente. La disposición anterior se desarrolla cuando un jugador ha llegado a la línea de banda y, a continuación, pasa hacia atrás a gran velocidad, con el fin último de aprovechar el espacio en la zona central.

El Jugador Uno pasa con firmeza hacia atrás al Jugador Dos, que entra por la banda. El Jugador Dos hace un pase de pared al Jugador Tres, que está situado cerca de la esquina del área. El Jugador Dos continúa su carrera y recibe el pase de pared de vuelta del Jugador Tres. Esto es en el cuadrado de tiro marcado. El Jugador Dos tira a la primera, o después de un toque. (O, si el entrenador desea practicar esto, el Jugador Dos puede regatear fuera del área y rodear al portero). Después de cada turno, los jugadores rotan. El Jugador Cuatro pasa a ser el Jugador Uno, el Jugador Uno pasa a ser el Jugador Tres, el Jugador Dos pasa a ser el Jugador Cuatro y el Jugador Tres pasa a ser el Jugador Dos. (De hecho, cada jugador se desplaza geográficamente un paso).

Habilidades clave:

- Comunicación
- Pasar con firmeza y precisión por el suelo
- Ritmo de inyección
- Jugar y recibir un pase de pared eficaz
- Acabando desde el borde del cuadrado

Desarrollo:

Añadir un defensa para operar en el área. El jugador dos debe utilizar una habilidad como una finta o un paso por encima para crear espacio para el disparo.

Añade un atacante más para atacar el segundo poste desde una posición intermedia entre la esquina del área penal y la línea de medio campo. Esta persona tendrá que sincronizar su carrera para ofrecer una opción de pase o alejar al defensa del Jugador Dos. (En el escenario en el que el Jugador Dos juega un pase a este nuevo Jugador Cinco, el Jugador Dos debe continuar su carrera para buscar rebotes o un pase al cuadrado).

Ejercicio: Remate afilado

Se trata de un ejercicio de ritmo rápido que desarrolla el remate limpio a un toque desde corta distancia. Es un ejercicio de estilo rondo, lo que significa que fomentará el toque, la conciencia y la comunicación.

Uso con: Menores de 9 años en adelante. Los jugadores deben tener edad suficiente para mostrar habilidades de anticipación.

Objetivos: Marcar en un remate a un toque. Colocarse rápidamente en posición para el siguiente remate.

Equipamiento: Balones. Cuadrícula de 15 metros x 15 metros. (Más pequeña para los jugadores más hábiles, más grande para los principiantes). Conos para hacer puertas de 2 metros de ancho fuera del perímetro del cuadrado. Una puerta, o portería, a cada lado.

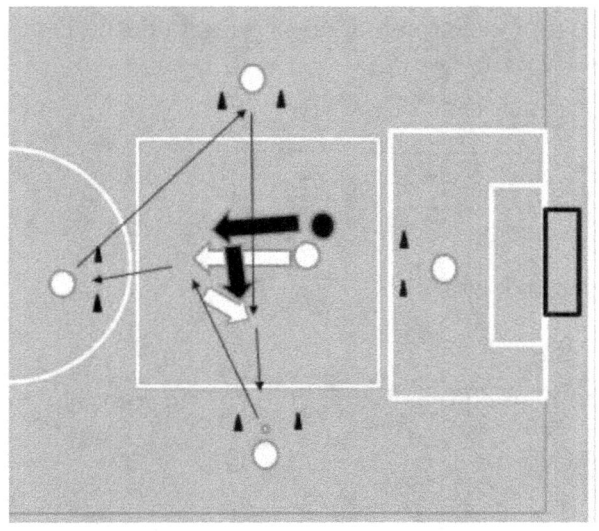

Funcionamiento del ejercicio: Un jugador se coloca detrás de cada cuadrícula. Otro permanece dentro de la cuadrícula. Un defensor marca dentro de la cuadrícula. Sin embargo, esto es opcional, y para menos presión y para desarrollar más precisión en el remate, utiliza el ejercicio sin el defensor. El balón se juega desde fuera de la cuadrícula hacia el jugador que está dentro de la cuadrícula. Éste debe rematar a través de una puerta diferente y, a continuación, prepararse para el siguiente remate.

Mientras tanto, el jugador cuya "portería" acaba de ser utilizada juega el balón con otro jugador situado fuera de la cuadrícula. Éste juega el balón dentro de la red para que el delantero que está allí lo meta en otra portería. El delantero no puede rematar en la portería desde la que acaba de jugar el balón.

Habilidades clave:

- Comunicación
- Momento del pase
- Anticipación
- Posicionamiento lateral del pie con un solo toque

Desarrollo:

- Hacer un 2 contra 1 dentro de la cuadrícula para permitir más cambios de ángulo en el área apretada.

Ejercicio: Rematar entre el caos

Se trata de un ejercicio de ritmo rápido que imita la naturaleza caótica de las ocasiones en el área, al tiempo que proporciona a los jugadores una oposición mínima que les permite perfeccionar sus habilidades.

Uso con: menores de 11 años en adelante. Grupos de edad más jóvenes con talento. Aunque es más fácil de lo que parece, en el ejercicio ocurren muchas cosas y los jugadores deben tener edad suficiente para concentrarse en su papel.

Objetivos: Marcar en espacios reducidos trabajando por dentro de un defensa.

Equipamiento: Balones. 15 metros x 15 metros cuadrados. Puede ser más grande o pequeño según el nivel de los jugadores. Dos porterías. Cuatro maniquíes colocados en el borde del cuadrado, más o menos en línea con las porterías.

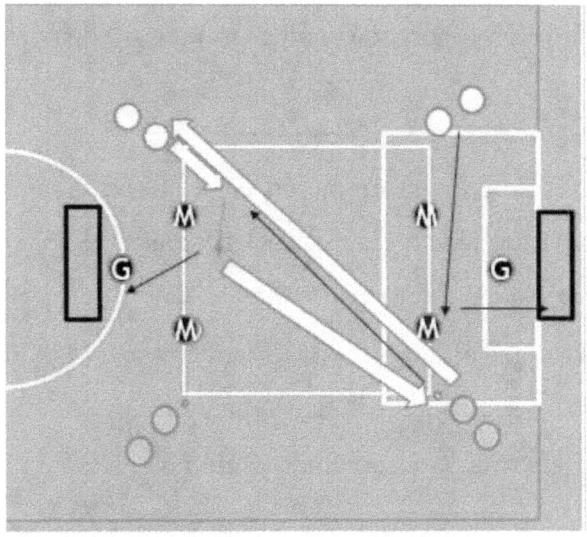

Funcionamiento del ejercicio: Dos alimentadores en cada esquina de un lado de la rejilla. Dos percutores en cada esquina de los lados opuestos. El ejercicio trabaja de esquina a esquina, con la alimentación siempre procedente del mismo lado.

El primer alimentador pasa a través de la rejilla. El primer atacante de la esquina opuesta avanza al encuentro del balón, conduce hacia el interior del maniquí y dispara. Mientras tanto, se realiza el mismo ejercicio en las esquinas opuestas del cuadrado. Además, al terminar el pase para la alimentación, y al terminar el tiro, los jugadores cruzan al lado opuesto, cambiando su papel de alimentador a tirador y viceversa. Por lo tanto, dentro del área se producen muchas acciones que el delantero debe olvidar para concentrarse en su toque y su disparo.

Habilidades clave:

- Focalización y concentración en la tarea; fuerza mental para apartar de la mente las distracciones.
- Comunicación
- Primer toque al recibir el pase para empujar el balón hacia delante y dentro de la defensa maniquí
- Tiro a la esquina desde una posición paralela a la línea de gol
- Mantener la precisión desde esta posición de tiro

Desarrollo:

- Sustituir los maniquíes por defensas reales para añadir presión al tirador.

He aquí los puntos clave del capítulo:

- Un buen entrenador será lo suficientemente versátil como para aprovechar al máximo sus recursos.
- Por lo tanto, no es necesario que todas las sesiones de remate tengan lugar donde están situados los objetivos.

A continuación, analizaremos el papel que pueden desempeñar los jugadores de banda (extremos, carrileros y laterales) en la mejora de la definición.

Centro y remate

Conseguir amplitud es una de las filosofías ofensivas más importantes en el fútbol. Por lo tanto, no es de extrañar que negar la amplitud al adversario sea una de las tácticas defensivas más comunes. De ello se deduce que las mejores oportunidades a lo ancho son a la vez productivas y relativamente escasas. Los equipos pueden poner centros al área, pero a menudo serán cortados fácilmente. En este capítulo veremos ejercicios, estrategias y técnicas para aprovechar las oportunidades que se presentan cuando nuestros equipos encuentran espacios en la banda.

Ejercicio: 2 contra 2 + 2

Este es un gran ejercicio para ayudar a desarrollar la sincronización de las carreras para llegar al final de los centros. También es rápido, con un toque de peligro. Por lo tanto, es perfecto, especialmente para los jugadores más jóvenes.

Uso con: menores de 9 años y mayores. Los jugadores deben ser capaces de hacer un centro con el balón.

Objetivos: Marcar tras un centro

Equipamiento: Balones. Petos suficientes para cinco equipos de dos personas. Conos para delimitar la zona de juego.

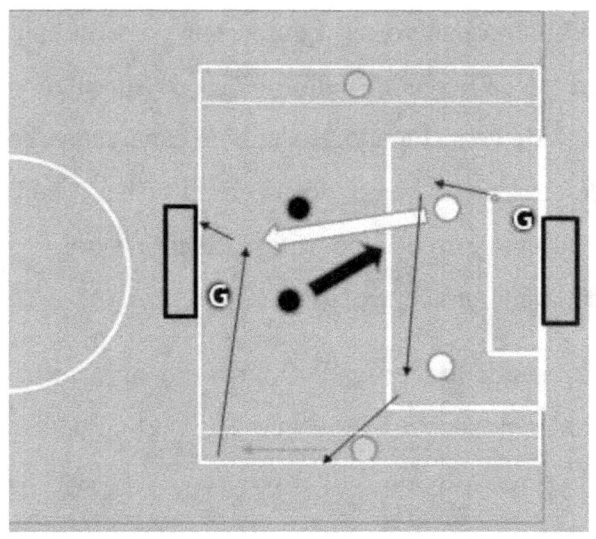

Funcionamiento del ejercicio: Un área de juego pequeña de unos 25 metros de ancho por 20 metros de largo. La anchura extra es para fomentar los centros. Sin embargo, el tamaño real puede variar en función de la edad y la habilidad de los equipos. Cada partido dura dos minutos. Al final de los dos minutos, los equipos cambian como se explica a continuación.

Máximo cinco equipos de dos jugadores, aunque el ejercicio funciona con tres o cuatro equipos de dos jugadores. Los equipos empiezan de la siguiente manera: equipo uno (atacante), equipo dos (defensa), equipo tres (neutral) y, a continuación, los equipos cuatro y cinco son los "siguientes". También se necesitan dos porteros. (Se pueden utilizar hasta cuatro porteros con rotaciones). El juego comienza con un pase de un portero a un compañero del Equipo Uno. Los dos jugadores de ese equipo deben hacer llegar el balón a uno de los jugadores del Equipo Tres. Cada uno de estos jugadores tiene un canal estrecho a cada lado de la anchura del terreno de juego. Sólo el Equipo Tres puede actuar en estas bandas. Por lo tanto, no está permitido placar a estos jugadores. Queremos que puedan hacer un centro.

Se marca un gol cuando un jugador marca tras un centro. Sólo se le permite un toque antes de disparar o cabecear a puerta. Puede disparar a la primera. También se permite un primer rebote.

Si se marca el gol, el Equipo Dos se convierte en el atacante, el Equipo Uno en el defensa, y los jugadores neutrales del Equipo Tres conservan ese papel.

Si se salva un intento, se pierde o se tocan más balones de los permitidos, la posesión también cambia como se ha indicado anteriormente. Si el balón queda fuera de juego por cualquier motivo, el juego se reanudará como se ha indicado anteriormente, con los equipos uno y dos intercambiando los papeles.

Sin embargo, tras un centro, un equipo puede simplemente mantener la posesión, en lugar de intentar un tiro. En ese caso, no podrán marcar hasta que un jugador del Equipo Tres haya puesto otro centro.

En el tiempo reglamentario, el equipo ganador permanece, convirtiéndose en el Equipo Dos (independientemente de si era el Equipo Uno o el Dos en el partido anterior). El Equipo Neutral pasa a ser el Equipo Uno, y el Equipo Cuatro pasa a ser el Equipo Tres, el equipo Neutral. El Equipo Cinco sube una posición y se convierte en el Equipo Cuatro. Serán los siguientes "en jugar". Si el resultado es un empate, ambos equipos salen. El Equipo Tres se convierte en el Equipo Uno, el Equipo Cuatro es el Equipo Dos, el Equipo Cinco se convierte en el Equipo Tres Neutral. El Equipo Uno, que tenía la ventaja del primer intento en la partida anterior, pasa a ser el Equipo Cinco, y el Equipo Dos se convierte en el Equipo Cuatro. Esto suena terriblemente complicado, así que las tablas de abajo deberían ayudar a explicarlo.

Primer partido:

Equipo Uno	Comienza con la posesión / Primer atacante
Equipo Dos	Comienza como defensa
Equipo Tres	Equipo neutral que alimenta centros
Equipo Cuatro	Será el siguiente equipo neutral (a menos que la práctica termine en empate)
Equipo Cinco	El último equipo en unirse al juego

Si el Juego 1 resulta en una victoria para el Equipo Uno

Segundo partido:

Equipo Uno	Ahora será el Equipo Dos
Equipo Dos	Se convierte en el Equipo Cinco
Equipo Tres	Se convierte en el Equipo Uno
Equipo Cuatro	Se convierte en el Equipo Tres
Equipo Cinco	Se convierte en el Equipo Cuatro

Si el Juego 1 resulta en una victoria para el Equipo Dos…

Segundo partido:

Equipo Uno	Se convierte en el Equipo Cinco
Equipo Dos	Seguirá siendo el Equipo Dos
Equipo Tres	Se convierte en el Equipo Uno
Equipo Cuatro	Se convierte en el Equipo Tres (Equipo Neutral)
Equipo Cinco	Se convierte en el Equipo Cuatro

Si el primer partido termina en empate...

Segundo partido:

Equipo Uno	Se convierte en el Equipo Cinco (porque han tenido la oportunidad de marcar en el juego anterior, lo que es una ventaja)
Equipo Dos	Se convierte en el Equipo Cuatro
Equipo Tres	Se convierte en el Equipo Uno
Equipo Cuatro	Se convierte en el Equipo Dos
Equipo Cinco	Se convierte en el Equipo Tres

Habilidades clave:

- Comunicación
- Coger el balón en largo para un centro
- Centro de calidad del pase
- Correr para llegar al final de los centros.
- Rematar a la primera o con un solo toque los centros

- Juzgar si se debe intentar marcar o mantener la posesión, en función de la situación del partido.

Desarrollo:

- El juego ya es bastante complicado, sobre todo si hay cinco equipos. Reducir el tamaño de las porterías, o del terreno de juego, añade más presión y, por tanto, desarrolla un toque más cerrado.

Táctica – Saques de esquina o córners peligrosos

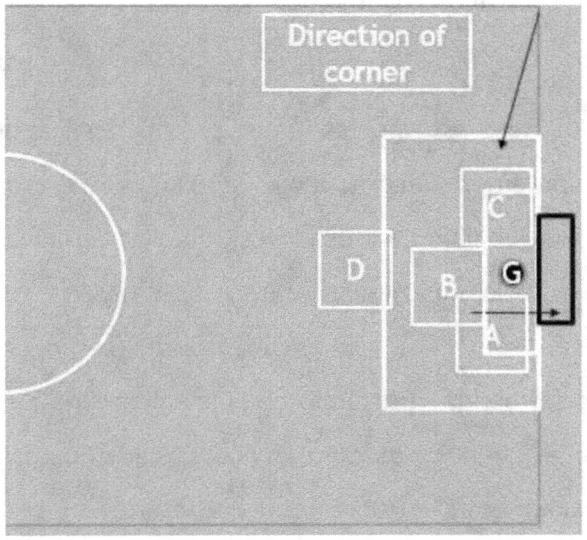

A = Área de meta para un córner corto centrado como una entrada al segundo poste

B = Área objetivo para un fuera de juego

C = Área objetivo para una entrada

D = Área de meta para un pase especial que conduce a un tiro desde el borde del área

Como hemos visto antes, pocos saques de esquina acaban en gol. Lo sentimos, pero cuando el público ruge cuando su equipo tiene la oportunidad de empatar en el minuto 92, su optimismo está fuera de lugar. Lo mismo ocurre con la ansiedad de los seguidores del equipo que quiere conservar la ventaja.

Sin embargo, hay estrategias que se pueden aplicar. A continuación, examinaremos cuatro tipos de saques de esquina y sugeriremos tácticas que los entrenadores pueden emplear para maximizar sus posibilidades de marcar a partir de ellos. Por supuesto, hay tanta controversia sobre los saques de esquina como sobre su defensa. Oír a los expertos, que presumiblemente saben algo de fútbol, lamentarse del marcaje zonal es extraño, cuando estadísticamente una combinación de marcaje zonal y marcaje al hombre ofrece resultados mucho mejores en términos de prevención de goles que el marcaje al hombre. (Pero no nos interesa tanto este debate como el otro que rodea a los saques de esquina: si los saques de esquina cortos, hacia afuera o hacia adentro del área, son los más acertados.

La respuesta parece tan poco concluyente como posible. Un córner corto ofrece la mejor oportunidad de mantener la posesión, lo que a su vez ofrecerá la oportunidad más probable de marcar un gol, al tiempo que reduce el riesgo de conceder la pérdida en el último minuto.

Lógicamente, un córner hacia afuera parece una pérdida de oportunidad, ya que el balón se aleja de la portería y, por lo tanto, es mucho más difícil marcar. Sin embargo, como veremos más adelante, se trata de un error de concepto, ya que estadísticamente el mayor número de ocasiones se producen en saques de esquina desviados. Sin embargo, curiosamente, el favorito de los aficionados, el interior, es el que más goles marca, pero el que menos ocasiones genera. Esto sugiere que un remate desde dentro tiene más probabilidades de provocar un gol, pero también más probabilidades de que el portero atrape el balón y lance un rápido contraataque.

La mejor opción, por tanto, parece ser ofrecer una serie de córners diferentes, de fuera, de dentro y en corto, con el fin de provocar la mayor duda en la mente de la defensa. El proceso puede complicarse aún más añadiendo un "especial" al arsenal de un equipo. También ofrecemos un ejercicio para practicar uno de ellos.

Táctica y Ejercicio: El córner corto

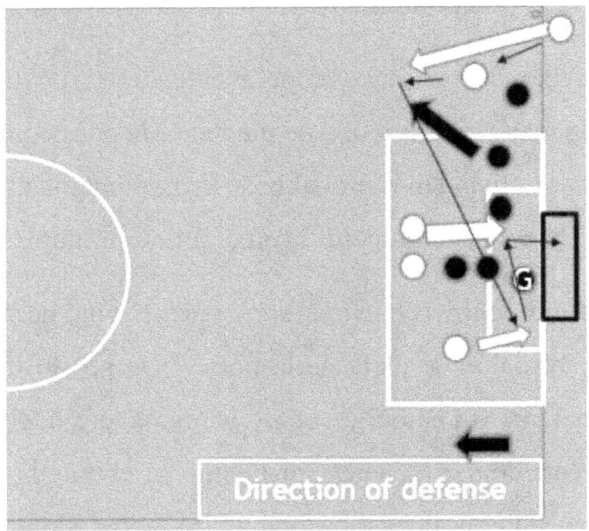

Hay un par de principios subyacentes al córner corto; en primer lugar, o bien crea una superposición y una situación de dos contra uno, o bien un segundo defensa se ve forzado a salir de la defensa creando más espacio en el área. Ambos son ventajosos para el ataque. Como ya se ha explicado, permite mantener la posesión, lo que puede ser útil hacia el final de un partido cuando se está protegiendo una ventaja. La táctica en este caso permite un centro en profundidad, con el ataque buscando cabecear el balón hacia la portería. El ejercicio que sigue ayuda a crear el espacio para el centro o la superposición 2 contra 1.

Uso con: Menores de 10 años en adelante. Más jóvenes si tienen capacidad para hacer centros.

Objetivos: Lograr una superposición de dos contra uno, o un centro desde un ángulo más favorable.

Equipamiento: Balones. Conos para representar media portería. Cuadrícula de 20 metros de ancho por 10 metros de profundidad.

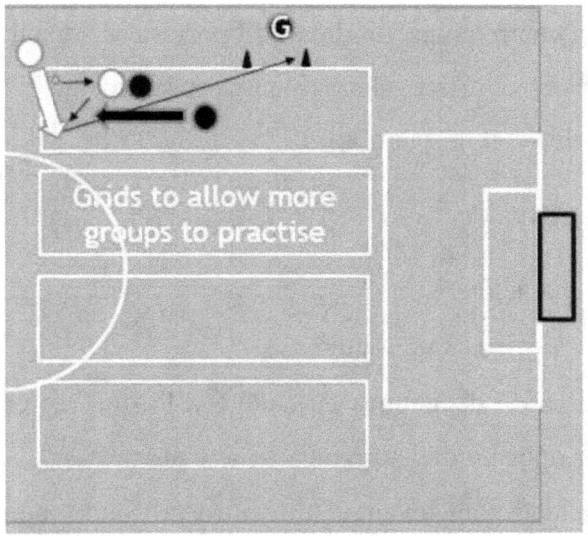

Funcionamiento del ejercicio: Dos atacantes contra dos defensas y un portero. Un delantero lanza el córner, el otro se sitúa a una distancia de tres a cinco metros. Un defensor marca a este delantero pero debe estar detrás de él debido a las reglas de distancia de los saques de esquina. El otro defensor cubre la mitad de la cuadrícula.

El córner se juega corto y firme. El ejecutor corre inmediatamente hacia el fondo de la red, ligeramente inclinado. El atacante que recibe toma una decisión: girar a su marcador y cabecear a puerta, o hacer un pase instantáneo hacia su compañero en el borde de la red. Normalmente, ésta será la opción. El defensa de repuesto intentará cerrar al lanzador del córner e impedir el centro en profundidad desde este ángulo favorable. El lanzador del córner apunta a los conos gemelos, que representan el área de destino de un centro en profundidad. El portero se sitúa detrás de los conos. Su trabajo consiste simplemente en despejar el balón. Intercambia los papeles con regularidad.

Habilidades clave:

- Comunicación
- Pases precisos a un toque
- La toma de decisiones en cuanto a lo que representa la mejor oportunidad para un ataque a puerta.
- Capacidad para levantar un centro profundo, con efecto hacia adentro, con el empeine/dedos de los pies. El jugador golpea con el pie contrario al lado en el que se encuentra, es decir, pie derecho desde la izquierda, pie izquierdo desde la derecha.
  - Brazos para el equilibrio
  - Posicionar el pie que no patea
  - Golpear el balón con la parte delantera del empeine, en la zona del dedo gordo.

    o   Seguir sin problemas

Desarrollo:

- Añadir más jugadores y operar en el terreno de juego

Táctica y ejercicio: Saque hacia afuera

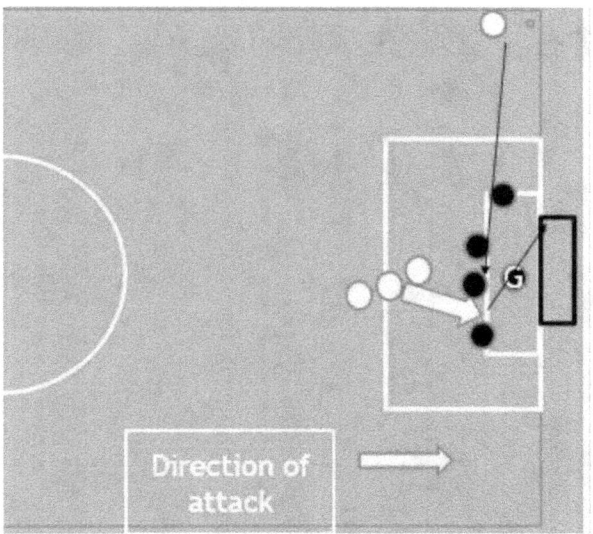

Un saque hacia afuera se produce cuando el jugador que lanza el córner golpea con el mismo pie que el lado en el que se encuentra. Es decir, un zurdo por la izquierda y un diestro por la derecha. El balón se aleja del portero, dificultándole la recepción del centro. Dado que el área de tiro es mayor (véanse los diagramas) que en el caso de un tiro interior, es más fácil que el portero no llegue al primer poste. Sin embargo, se necesita un buen contacto para ganar el remate de cabeza, ya que el balón debe dirigirse a puerta. Los remates de cabeza que vuelven a cruzar la portería en la dirección de la que procede el córner suelen ser los más acertados.

Ejercicio

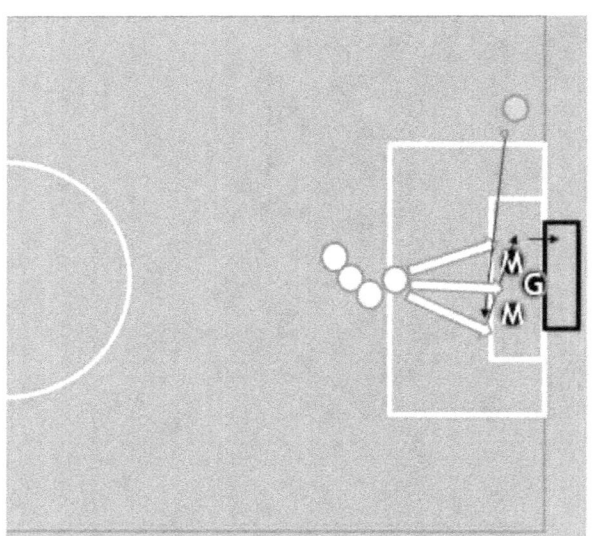

Uso con: menores de 12 años en adelante (tanto para el ejercicio como para una táctica en el partido). Los jugadores deben ser capaces de centrar desde el córner y de cabecear el balón hacia atrás. Si se permite cabecear con jugadores más jóvenes dependerán de las normas de las ligas y asociaciones de fútbol locales.

Objetivos: Proteger al corredor del segundo poste de la defensa para dejar espacio para un remate de cabeza libre.

Equipamiento: Balones. Maniquíes para hacer de defensas. Es demasiado arriesgado utilizar una defensa real, ya que existe la posibilidad de que se produzcan lesiones en la cabeza, lo que debe evitarse.

Funcionamiento del ejercicio: Cuatro atacantes se alinean juntos entre el punto de penalti y el borde del área. No debe haber espacio para que un defensa se interponga entre ellos. Un alimentador lanzará balones al área (reduciendo los riesgos de impacto que se derivan de un centro chutado), apuntando al segundo poste aproximadamente a ocho o diez metros de la portería. Los delanteros irán al primer poste (primer atacante), al centro de la portería (atacante central), al segundo poste para el tercer atacante y el delantero más retrasado se quedará quieto, para los rebotes.

Así, los dos atacantes del medio están protegidos de la defensa por sus compañeros, lo que les da más posibilidades de correr. El atacante situado en tercer lugar es el mejor protegido, y es él o ella que pretende llegar al balón. El centrocampista apunta al segundo poste, y el delantero trata de cabecear el balón hacia la portería o hacia la esquina más lejana para marcar directamente.

Habilidades clave:

- Comunicación
- Disciplina para seguir el papel establecido
- Capacidad para cabecear limpiamente
- Conciencia del segundo pase

Desarrollo:

- A medida que se desarrolle el ejercicio, y los jugadores prueben diferentes posiciones, quedará claro quién es el que mejor cabecea el balón desde el segundo poste.
- Se puede jugar al bulldog utilizando las mismas posiciones (pero sin balón). Utiliza etiquetas de placaje de rugby para evitar lesiones. Los defensas reales sustituyen ahora a los maniquíes.
- Juega al juego en el que, con el silbato, los jugadores atacantes intentan llegar a la línea de gol en sus posiciones fijadas, y los defensas intentan arrancar sus etiquetas de velcro.

- De este modo, el entrenador averiguará quién es el que mejor evita los placajes.
- Combinando la información de estas pruebas, debería ser evidente qué jugadores van a dónde para esta táctica de córner exterior.

Táctica y Ejercicio: Saque hacia adentro

Es casi imposible defenderse de un córner perfectamente colocado. Un mal saque de esquina de este tipo será cortado por el defensor del primer poste, saldrá directamente fuera de juego o será atrapado fácilmente por el portero.

El remate en el primer poste es el mejor córner con efecto.

Uso con: menores de 12 años en adelante. Proporciona un alimentador para lanzar el balón con precisión en caso de que el chutador no pueda hacerlo con precisión. Para una práctica más intensa, utilízalo sólo con adultos. En cualquier caso, no utilizar en exceso.

Objetivos: Enviar un córner al primer palo para que lo rematen

Equipamiento: Pelotas.

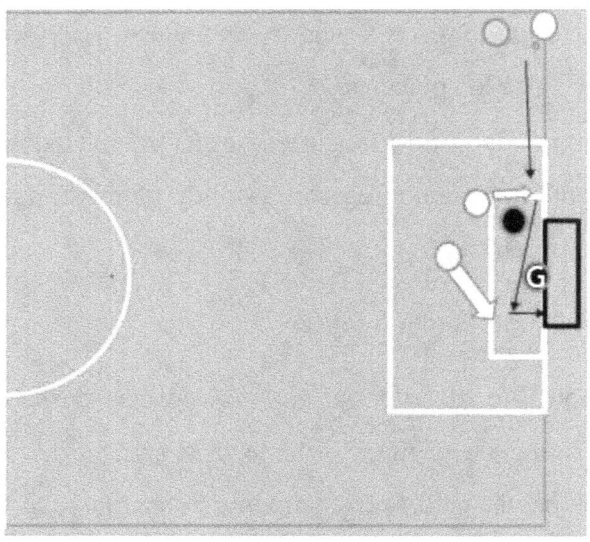

Funcionamiento del ejercicio: El ejecutor del córner lanza el saque de esquina. El primer atacante se desplaza desde la esquina del área pequeña hacia la línea de banda. Corre delante del defensa. A menudo, el balón rebota en la cabeza del defensor. No pasa nada, el resultado es el mismo. El segundo delantero ataca el segundo palo. Los saques de esquina suelen ir directos a la red.

Habilidades clave:

- Precisión en la entrega del córner
- Confianza para permitir que el balón salga de la cabeza
- Rematador buscando alerta para el pase

Desarrollo:

- Debido a las lesiones en la cabeza y las conmociones cerebrales, no debemos exagerar este movimiento en los ejercicios.

Táctica y ejercicio: Un movimiento especial

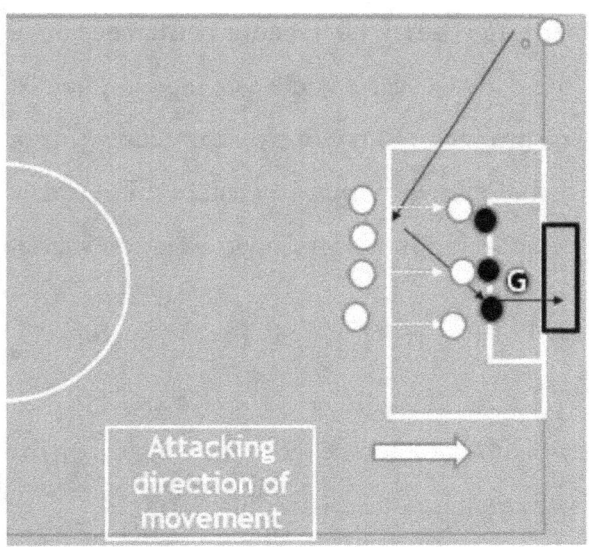

Utilizado con moderación, el córner hacia atrás es muy eficaz. Sin embargo, debe tener un valor sorpresa, ya que los equipos detectarán rápidamente el plan y lo anularán si lo esperan. Perder la posesión en el borde del área cuando el equipo ha avanzado en busca de un córner deja al equipo expuesto al contraataque.

Uso con: Todas las edades

Objetivos: Crear una ocasión de gol engañando a la defensa

Equipamiento: Balones.

Funcionamiento del ejercicio: Córner, con una línea de delanteros en el borde del área, y una línea de defensa marcando zonalmente.

En la salida del córner, los atacantes se desplazan hacia la portería, por lo que parece que el córner será normal. Un jugador permanece en el borde del área. El córner se juega raso y fuerte hacia este jugador, que da un toque y dispara o dispara de primeras. El mejor tiro será fuerte y raso, ya que con tantos jugadores en el área el portero no estará a la vista, y hay muchas posibilidades de que se produzca un desvío que, con suerte, entrará en la portería.

Habilidades clave:

- Capacidad de disimular el pase corriendo hacia arriba como si se tratara de un saque de esquina normal.
- Disciplina para hacer tu trabajo
- Capacidad para golpear una pelota que se mueve a través del cuerpo de forma limpia, baja y fuerte.
- Buena técnica de tiro
- Conciencia de los rebotes

Desarrollo:

- Hacer un pase de esquina en una competición. Dos equipos de cinco. El portero puede jugar para ambos equipos. Cinco saques de esquina cada uno, uno por jugador. Cinco puntos por un gol, tres puntos por un intento a puerta, un punto por un intento de gol.

A medida que el juego evoluciona y se ponen de moda diferentes tácticas, el papel del lateral cambia. A veces, la principal preocupación de esta posición es la defensa. Suele ser el caso de los cuatro defensas. Sin embargo, en el fútbol moderno, los laterales (los defensas anchos de un quinteto) proporcionan amplitud a los equipos que operan con mediocampos y líneas de ataque más estrechos. Estos laterales, como su nombre indica, tienen una doble función que implica una importante aportación ofensiva.

Por lo tanto, el defensa de banda moderno (a falta de un nombre mejor) debe sentirse cómodo con el balón, tener velocidad, estar en forma para subir y bajar por la banda, tener cierta habilidad para el regate y saber centrar.

Estos defensas deben participar en todos los ejercicios basados en el ataque, y trabajar sus habilidades de regate y centro. Por ejemplo, Achraf Hamini; el lateral del Inter contribuyó directamente a dieciséis goles (siete marcados y nueve asistencias) en sólo 33 partidos en la temporada 2020-21. Mientras tanto, las amenazas gemelas de Andy Robinson y Trent Alexander Arnold en el Liverpool han contribuido a hacer del equipo posiblemente el más fuerte de Europa.

Ejercicio: El lateral superpuesto (o Wing Back)

Este ejercicio ayudará a los equipos a hacer avanzar a sus laterales.

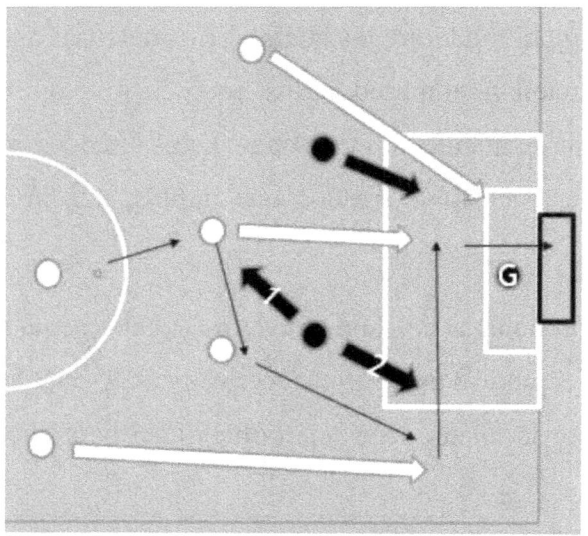

Uso con: menores de 9 años en adelante. Se trata de un ejercicio rondo, por lo que los jugadores están sometidos a una presión mínima.

Los jugadores más jóvenes tendrán suficiente éxito con este ejercicio como para que merezca la pena.

Objetivos: Atraer a la defensa y desplazar rápidamente el balón. Centrar con precisión y rematar la ocasión.

Equipamiento: Balones. Media cancha

Funcionamiento del ejercicio: Se trata de un rondo de cinco contra dos, más un portero, jugado en medio campo. El ejercicio puede variar a medida que se juega, siempre que se mantengan los principios. El balón comienza en el círculo central. El lateral o el extremo se colocan en profundidad. El balón se juega en el centro del campo, en el lado más lejano al espacio hacia el que correrá el lateral.

Un jugador permanece en la banda opuesta, más adelantado que el lateral, para ocupar a un defensa. (Si durante el ejercicio, este jugador se queda sin marca, el pase puede simplemente jugarse hacia él, ¡y actúa como el jugador que finalmente centrará el balón!)

El segundo pase es corto e inyecta velocidad al ataque. El tercer pase es el decisivo, abierto y al espacio para que corra el lateral. La defensa ya no da abasto. Los delanteros entran en el área. El lateral centra y los delanteros intentan rematar.

Habilidades clave:

- Comunicación
- Inyectar ritmo cuando se crea espacio
- Pases de precisión a uno y dos toques
- Centro de calidad, firme y alejado del portero

Desarrollo:

- Permitir que el rondo se desarrolle libremente, dando a los jugadores la oportunidad de resolver problemas.
- Añadir otro jugador defensivo para estrechar el espacio

He aquí los puntos clave del capítulo:

- Explotar la posesión amplia implica enseñar a los jugadores a realizar carreras eficaces.
- Trabajar en las esquinas es una estrategia de entrenamiento importante, pero no esencial.

A continuación, consideraremos lo inusual, espectacular y francamente asombroso.

Un solo toque y otros remates especiales

¿Jugamos al fútbol para divertirnos o para ganar? Con suerte, ambas cosas, pero seguramente lo primero es lo más importante. Lo que nos lleva a este capítulo. Los goles espectaculares se quedan grabados en la memoria, pero en realidad son muy raros. Me viene a la mente el espléndido remate por encima de la cabeza de Gareth Bale en la final de la Liga de Campeones en la que su equipo, el Real Madrid, se impuso al Liverpool. También el increíble regate de Maradona en los cuartos de final de la Copa Mundial de la mano de Dios.

Pero la mayoría de los jugadores marcarán, en el mejor de los casos, sólo un par de remates super espectaculares en toda su carrera como futbolistas. ¿Niega eso que los probemos? Desde luego que no. Y si estamos dispuestos a intentar algo fuera de este mundo, entonces seguramente debemos practicar para ello. Ya lo he dicho. Porque, es difícil pensar en algo más agradable que volar por el aire, con la cabeza horizontal, de espaldas a la portería, y conectar con el centro a la altura de la rodilla que está justo detrás de nosotros.

Es divertido. A los niños les encanta intentar lo imposible. Y también a los adultos. Sin embargo, éste es un libro serio, así que empecemos con un par de remates especiales que sí conducen a su buena dosis de goles. Antes de adentrarnos en el país de los sueños, claro.

Ejercicio: Girar y disparar

Un ejercicio muy realista. A menudo, un delantero se encuentra cerca del borde del área, de espaldas a la portería. Puede que no haya una buena opción de pase, y la mejor opción será girarse y disparar.

Uso con: Todas las edades.

Objetivos: Perfeccionar el medio giro en ambas direcciones y realizar un tiro potente y preciso.

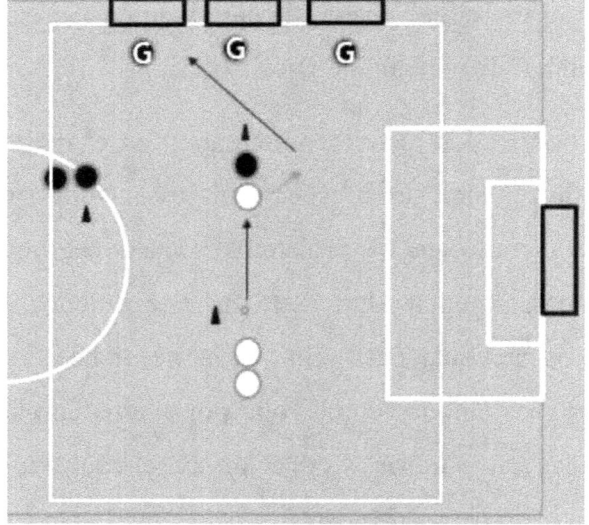

Equipamiento: Varios balones. Tres porterías pequeñas. Tres conos que marquen: línea de ataque, línea de defensa, posición de recepción. Área de juego de aproximadamente 30 metros de largo por 20 metros de ancho.

Funcionamiento del ejercicio: Un jugador se desplaza desde la línea de ataque hasta el cono de recepción. Mientras tanto, un defensor se mueve desde la línea de defensa y se alinea cerca detrás del atacante. El siguiente atacante pasa el balón con firmeza a los pies del atacante que va a disparar. El atacante recibe el pase a medio giro, crea espacio con el giro y dispara a una de las tres porterías. El ejercicio también funciona con una portería grande como objetivo, pero como los buenos entrenadores desean fomentar el éxito, es mejor utilizar tres porterías, lo que aumenta las posibilidades de marcar.

Después de cada pasada, el atacante se une a la parte posterior de la línea de defensa y viceversa.

Habilidades clave:

- Recibir el balón en la media vuelta
    - Posicionar el tórax aproximadamente a 45 grados del paso
    - Mantener los brazos extendidos para mantener el equilibrio o protegerse.
- Controlar el balón
    - Con el exterior del pie, desplazándolo y presentando la oportunidad de disparar con el pie contrario.

- o Con el exterior del pie, y luego retirando el balón 180 grados para dejar espacio para un disparo con el pie de control.
- Apuntar el hombro para fintar al arrastrar el balón hacia atrás
  - o Con el empeine del pie trasero, comprometiendo el peso del defensor hacia delante y permitiendo un disparo inmediato con el otro pie, o un segundo toque para crear más espacio.
  - o Con una habilidad particular, como un arrastre hacia atrás o una finta, que puede hacer equivocar el pie del defensor creando más espacio.
- "Sentir" la posición del defensor utilizando los brazos o las nalgas
- Dispara después de uno o dos toques
  - o Utilizar los brazos para mantener el equilibrio y protegerse
  - o Conducir con los cordones
  - o Si dispones de tiempo y espacio suficientes, utiliza el empeine para mayor precisión.

Desarrollo:

- Cambiar el ángulo del pase

- Añadir un segundo defensa
- Intentar pases más difíciles de controlar, como a la altura de la rodilla o del pecho.

Ejercicio: Desarrollo del golpe al poste cercano

Otro remate importante pero cotidiano a continuación. Se trata de una técnica de remate muy útil. También vemos en este ejercicio cómo un entrenador puede desarrollar la técnica y el nivel de habilidad en varias etapas de desarrollo. El remate consiste simplemente en desviar el balón. La velocidad para vencer al portero proviene de la velocidad del centro. El portero se verá atraído hacia su primer poste cuando el atacante corra hacia él. Esto significa que tiene poco tiempo para reajustarse si el balón se dirige al segundo poste. Del mismo modo, si el tiro se dirige al primer poste, el portero dispone de poco tiempo de reacción debido a la proximidad de la portería al delantero. Además, si el portero ataja el tiro, es poco probable que retenga el balón, lo que supondría una oportunidad de gol en el rebote. Por último, existe una gran posibilidad de que el balón se desvíe de un defensa.

El mayor reto a la hora de realizar este ejercicio con los jugadores más jóvenes es animar al pasador a alejar el centro de la portería (para que el portero no pueda interceptarlo). Los jugadores jóvenes tienden a dirigir sus centros hacia la portería, por lo que tendrán que practicar para tirar el balón hacia atrás con regularidad.

Uso con: Todas las edades.

Objetivos: Golpear el balón a la primera con el exterior de la bota.

Equipamiento: Varios balones. Portería. Los jugadores más jóvenes encontrarán útiles los conos para mostrarles por dónde deben correr y desde dónde deben lanzar el centro. Esto es especialmente cierto a medida que se desarrolla el ejercicio.

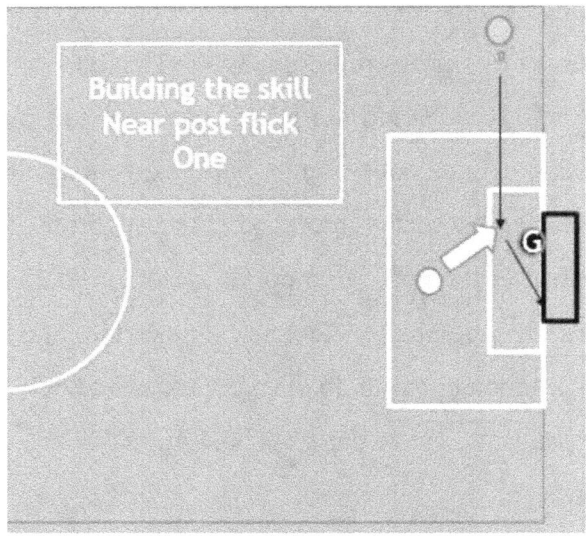

Funcionamiento del ejercicio:

Pase desde la línea de banda. El atacante se acerca en ángulo y golpea el balón con el exterior de la bota, desde fuera del primer poste, apuntando al segundo poste.

Habilidades clave:

- Cronometrar la carrera
- Tener la confianza necesaria para permitir que el balón golpee el pie extendido, en lugar de intentar disparar explícitamente.

Desarrollo 1:

- El jugador regatea y centra
- Añade un maniquí o un cono para regatear.

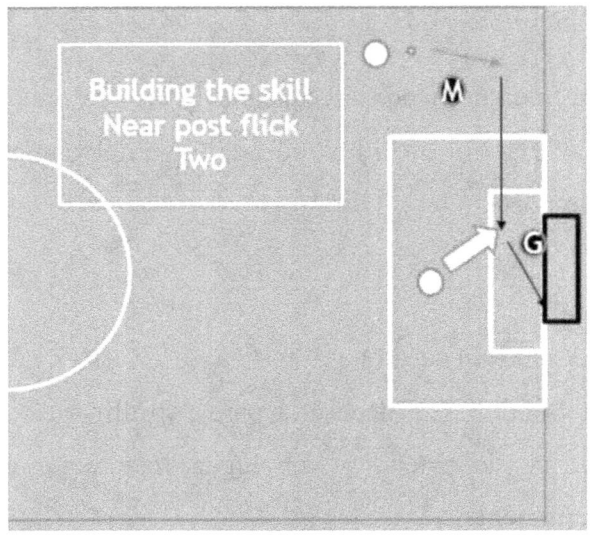

Desarrollo 2:

- Hacer una carrera en ángulo

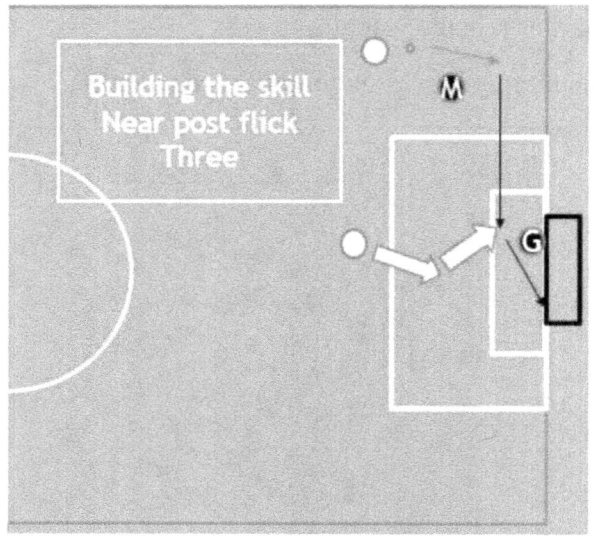

Desarrollo 3:

- Añadir un defensor

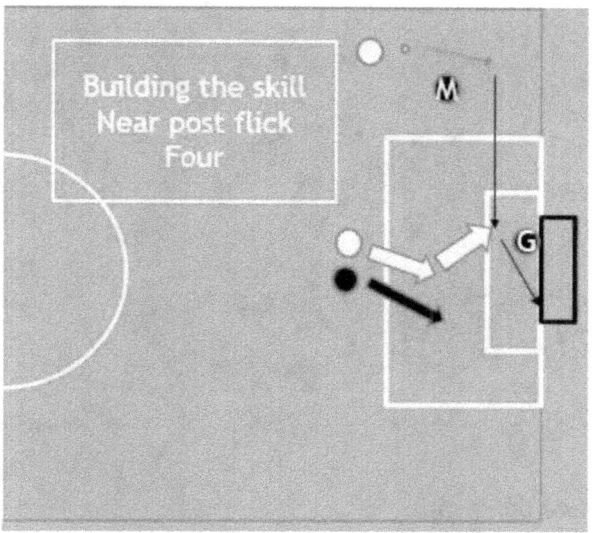

Desarrollo 4:

- Añadir un jugador de apoyo

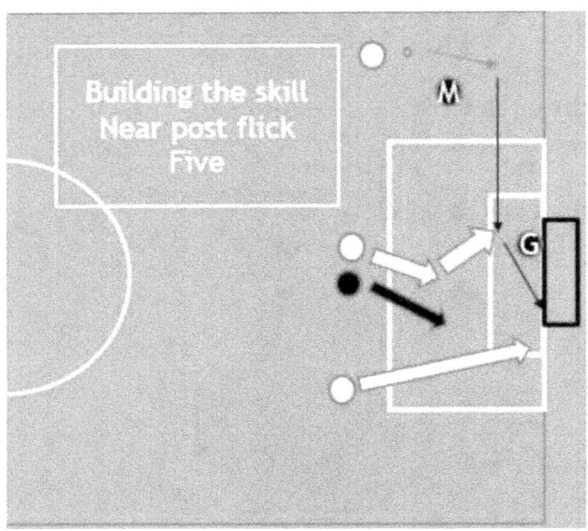

Desarrollo 5:

- Práctica de partido
- Rondo de seis contra cuatro más un portero, ataque contra defensa en medio campo. Conseguir el balón a lo ancho para crear espacio para que el jugador ataque el primer poste para el remate

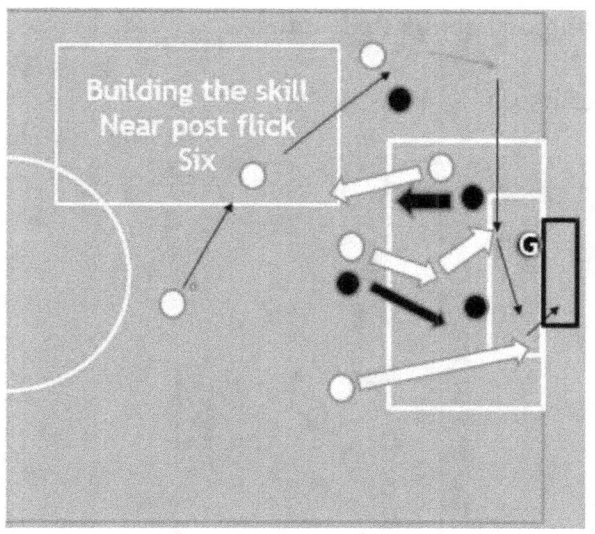

Los principios en los que se basa el desarrollo de ejercicios para esta situación final de partido pueden aplicarse a muchos de los ejercicios que sugerimos en este libro. Evidentemente, aquí empezamos desde el principio con un ejercicio para jugadores jóvenes que están empezando a aprender las jugadas tácticas. Un entrenador de, digamos, un equipo Sub-12 puede comenzar incluyendo un defensor, y desarrollar a partir de ahí. Al dirigir un equipo de adultos, podemos reforzar las habilidades con todos los jugadores para volver a centrarnos, y pasar rápidamente a un ejercicio de juego de partido.

Ejercicio: La patada por encima de la cabeza

Hora de divertirse...

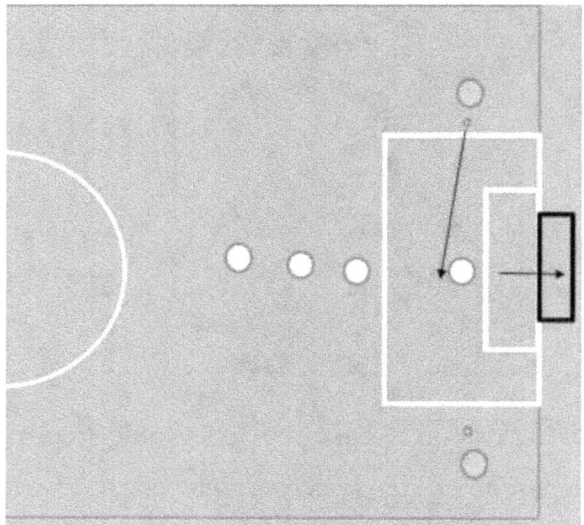

Aquí la emoción viene de la habilidad más que del ejercicio. Como a los jugadores, sobre todo a los más jóvenes, les encantará la acción, el entrenador puede utilizar el ejercicio para concentrarse en la técnica.

Uso con: Tan jóvenes como tengan la coordinación para realizar los movimientos. Menores de 10 años, sin duda. Quizá más jóvenes. Aunque los entrenadores querrán evitar la frustración del fracaso constante, conocen a sus jugadores y sus capacidades.

Objetivos: Completar una patada por encima de la cabeza.

Equipamiento: Balones. Portería.

Funcionamiento del ejercicio: Dos alimentadores en lados opuestos del área penal. Balones lanzados con simpatía al área. Los jugadores se colocan de espaldas a la portería e intentan un tiro por encima de la cabeza. Da a cada jugador un intento desde cada lado. Los jugadores disfrutarán viendo a sus compañeros, por lo que la regla normal de acción, acción, acción puede suspenderse aquí.

Habilidades clave:

- Vigila el balón en todo momento
- Salta, adelantando el pie que no patea para generar altura.
- Cae hacia atrás, vigilando el balón durante todo el recorrido.
- El pie que no patea empezará a levantarse de forma natural a medida que la cabeza y la espalda caen hacia el suelo. Probablemente, el pie que da la patada permanecerá en el suelo en esta fase.
- Juzga cuando el balón entra en el área de pateo
- Sube el pie que patea hacia el balón
- No es necesario patear el balón con fuerza. Tanto su impulso como el de los jugadores generarán fuerza
- A medida que el pie que patea se eleva, la pierna que no patea desciende.

- La parte superior del cuerpo debe estar cerca de la horizontal en el punto de impacto.
- Controlar el descenso. Girar para aterrizar de lado y no de espaldas, y frenar la caída con la mano y las piernas.
- Debes evitar apoyarte en el codo, la cabeza o el hombro, ya que puede provocar lesiones.

Desarrollo:

- Probar los centros desde diferentes ángulos, alturas y velocidades. Cuando los jugadores adquieren una gran destreza, se pueden introducir los centros chutados. Sin embargo, ten en cuenta que incluso los mejores profesionales fallan en esta habilidad más de lo que aciertan, y el fracaso constante puede ser desalentador.
- Añadir un portero.
- (Evita añadir un defensor, ya que existe riesgo de lesión si se acercan demasiado, tanto para el defensor como para el atacante si son placados en el aire).

Ejercicio: La patada de tijera

Para que quede claro, estamos hablando de una patada en sacacorchos. En algunas zonas, la patada por encima de la cabeza también se conoce como patada de tijera. La configuración del ejercicio es muy parecida a la anterior, así que sigue el diagrama de la patada por encima de la cabeza como guía en la que basar este ejercicio.

Uso con: menores de 10 años en adelante. La técnica para la patada de tijera es un poco más fácil ya que el pie que no patea puede permanecer plantado.

Objetivos: Completar una patada de tijera con precisión.

Equipamiento: Balones.

Funcionamiento del ejercicio: Dos alimentadores, uno a cada lado del área penal, aproximadamente en línea con el punto penal. El delantero se coloca con el pecho sobre el alimentador, más o menos en el punto penal. El pasador lanza el balón hacia dentro, y el delantero ejecuta una tijera. Varía el lado desde el que se lanza el balón.

Habilidades clave:

- Vigila el balón en todo momento
- Muévete para colocarte ligeramente por detrás de la línea del balón. Nuestro objetivo es contactar con el balón justo por delante de la línea del cuerpo
- Muévete para juzgar la trayectoria del balón. Lo ideal es que el contacto se produzca entre la altura de la rodilla y la del muslo

- Extiende los brazos y gíralos hacia atrás de modo que queden torcidos en línea recta hacia el balón. El brazo del lado del pie que patea es el más alejado del balón
- A medida que el balón se acerca, gira los brazos como un sacacorchos, al tiempo que giras el pie que patea hacia el balón. El pie que patea es el que está más lejos de la portería.
- Deja caer las caderas y mantén la cabeza sobre el balón.
- Utilizar el empeine dará más posibilidades de entrar en contacto con el balón, pero es más eficaz para el centro que para el disparo. Busca el contacto con los cordones para chutar
- La potencia vendrá del impulso del balón y de la rotación del cuerpo, por lo que no es necesario dar demasiados latigazos al balón.

Desarrollo:

Cambia los ángulos, la altura y la potencia de la alimentación

A medida que los jugadores se vuelven más expertos, introducen los centros con el pie en lugar de alimentarlos con las manos.

Táctica: Llegar tarde desde el centro del campo

El jugador más difícil de detectar para una defensa organizada es un centrocampista que llega tarde. Estos jugadores suelen ser seguidos por su homólogo del centro del campo; sin embargo, a veces el seguimiento se pierde cuando el centrocampista atacante pasa por delante de su oponente.

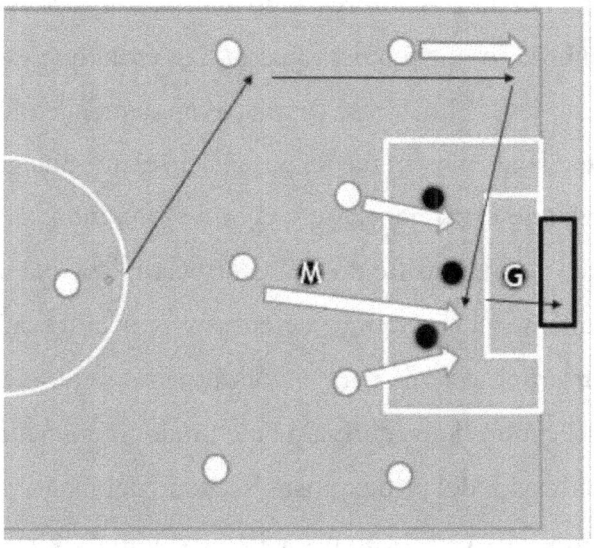

Uso con: menores de 9 años en adelante. El concepto de atacar desde el fondo es clave para el éxito del fútbol. Debe inculcarse a los jugadores lo antes posible.

Objetivos: Llegar tarde a la meta.

Equipamiento: Balones. Medio campo. Portería. Maniquí para que actúe como el defensa ante el que correrá el centrocampista. (Puede ser un defensa activo cuando se trabaje con jugadores mayores y más experimentados).

Funcionamiento del ejercicio: Siete contra tres y un portero, o cuatro y un portero si no se utiliza un maniquí. Los jugadores se alinean a grandes rasgos según el diagrama, prestando atención al fuera de juego (a partir del nivel sub-13, o dondequiera que la liga en la que juegue tu equipo introduzca esta ley). El balón se desplaza rápidamente a lo ancho y luego hacia delante, dando al extremo un pase hacia el que pueda correr. Dos atacantes corren, uno al primer poste y el otro al segundo, ocupando a dos de los tres defensas más profundos. El centrocampista que marcará el gol pasa por delante de su maniquí (o defensa) y se adentra en el área por el centro. Su carrera se orienta para encontrar espacio alrededor del defensa que sobra. El centro llega, normalmente tirado ligeramente hacia atrás por detrás del corredor del primer poste, sacando del juego a los dos defensas más cercanos. El centrocampista llega y remata con un tiro lateral. Su impulso, y el del balón, generarán potencia, y como llegarán a toda velocidad, un golpe con el empeine, con la cabeza por encima del balón, asegurará el control.

Habilidades clave:

- Duración de la carrera

- Comunicación
- Utilizar la velocidad para evitar la defensa
- Remate controlado
- El centrocampista se toma su tiempo para mirar hacia arriba antes de cruzar, para anticipar la posición del centrocampista que llega.
- El que remata es capaz de realizar un centro controlado, preciso y simpático.

Desarrollo:

- Juega un partido de seis contra seis. Dos centrocampistas de cada equipo llevan un peto. Sólo estos jugadores pueden marcar.
- Sólo cuentan los goles marcados en carrera profunda.

Ejercicio: Abrir el cuerpo para el Curler

Es el remate perfecto. Thierry Henry, delantero francés del Arsenal, fue el maestro, pero lo vemos con regularidad al más alto nivel. El veloz delantero se desmarca y recorta hacia dentro, superando a su marcador. Se aleja ligeramente del balón y lo golpea, sin romper la zancada, hacia la parte exterior del segundo poste.

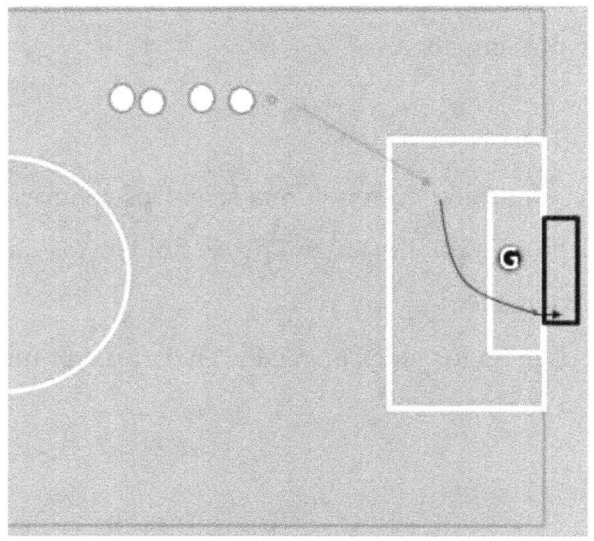

El portero adelantado no tiene ninguna posibilidad, tan lejos de su alcance está el balón, pero no importa, porque el disparo se va fuera. Pero... ese intento se golpeó con el empeine del pie interior, no con demasiada firmeza, el impulso del jugador inyecta ritmo. Al inclinarse ligeramente, el pie da efecto. El balón vuelve hacia la portería y se introduce en la red lateral del segundo poste.

Uso con: menores de 11 años en adelante. La habilidad es difícil, porque a los jugadores más jóvenes les costará visualizar la curva del balón e intentarán chutar demasiado fuerte.

Objetivos: Marcar con un disparo curvo en el segundo poste

Equipamiento: Golpeadores y un portero, balones.

Funcionamiento del ejercicio: Empezar a lo ancho entre la línea de medio campo y el borde del área de penalti. Conduce a velocidad hacia la esquina del área. Entrar en el área penal y disparar como se indica más arriba.

Habilidades clave:

- Corre a ritmo
- Posición del cuerpo
- Confianza para golpear el balón con el empeine, en lugar de disparar con potencia.

Desarrollo:

- Añade un defensa. Este jugador debe defender desde el exterior del delantero.

- Ahora permite que el defensa se interponga entre el jugador y la portería, lo que obligará al delantero a recortar hacia dentro para alejar el disparo.

Ejercicio: Remate alto y profundo

Hay algo muy agradable en un remate alto. Se está convirtiendo en un arma aún más útil a medida que los porteros se adaptan para parecerse más a los jugadores de campo. Su posición inicial suele ser más adelantada que en el pasado, lo que les hace vulnerables a esta habilidad. Además, cuando el portero se convierte en un jugador más, si el pase está mal colocado o el destinatario no controla el balón, un delantero inteligente puede intentar este remate a larga distancia.

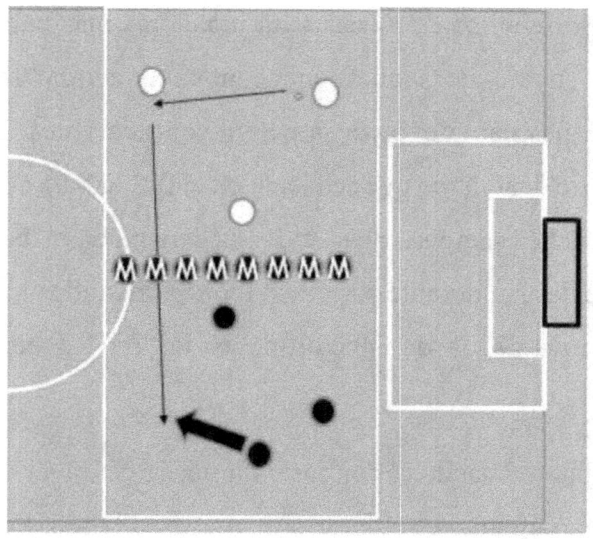

Uso con: a partir de 11 años. Los jugadores deben ser lo suficientemente altos como para poder controlar una pelota que rebota.

Objetivos: Ganar un punto "estilo tenis" jugando un remate alto y profundo preciso.

Equipamiento: Cuadrícula de aproximadamente 25 metros de largo por 15 metros de ancho, sujeta al rango de edad. Fila de conos altos o maniquíes para hacer de red. O, si se dispone de ella, jugar con una pelota blanda (para controlar el rebote) en una pista de tenis normal.

Funcionamiento del ejercicio: Tres, cuatro o cinco por bando dependiendo de la edad de los jugadores y del tamaño del área disponible. Se juega como en el tenis. El jugador saca dejando caer la pelota de las manos y voleando por encima de la red. Con jugadores más hábiles, se puede colocar un "cuadro de saque" con conos. El equipo receptor dispone de cinco toques para devolver la pelota con una volea. Pueden utilizar cualquier parte del cuerpo que sea legal en el fútbol para controlar el balón: cabeza, pecho, piernas, pies, etc. Pueden jugar el balón de cualquier forma que deseen durante sus cinco toques, incluidos los pases por el suelo. Sin embargo, la devolución sobre la "red" debe ser un remate.

Se gana un punto cuando el contrario no puede devolver el balón en sus cinco toques, o cuando el contrario devuelve el balón, pero éste cae fuera del juego.

Una variante interesante que da lugar a peloteos más largos es permitir que un jugador haga de portero. Pueden atrapar el balón en el saque o utilizar las manos de la forma que deseen. Sin embargo, deben pasar el balón a continuación, de cualquier forma legal para un portero. No pueden devolver el balón por encima de la "red" ni lanzarlo con el siguiente toque.

Habilidades clave:

- Ojos en la pelota
- Mover el cuerpo en posición lo antes posible, juzgando la trayectoria del balón.

- Brazos fuera para equilibrar
- Colocar el pie que no patea junto al lugar donde se golpeará el balón
- Golpea la pelota lo más cerca posible del suelo, a unos quince centímetros. Cuanto más alto sea el rebote, más difícil será la habilidad (Nota: no es posible lanzar una pelota que está en el suelo. Se puede golpear con los dedos de los pies, pero no se puede lanzar).
- Retrocede la pierna que da la patada entre treinta y cuarenta y cinco grados.
- Traer el pie suavemente, observando el balón y manteniendo los brazos anchos para mantener el equilibrio.
- Golpear el balón desde abajo, con el empeine.
- Apuntar los dedos de los pies hacia abajo
- Inclínate ligeramente hacia atrás para ganar altura
- Seguir sin problemas

Desarrollo:

- Añade un remate alto y profundo conducido usando los cordones
- Golpea directamente el balón, con un seguimiento firme.

- Anima a los jugadores a golpear a través de la pelota para aprender a inducir el desvío.

He aquí los puntos clave del capítulo:

- Volvemos a las conclusiones del capítulo sobre la volea. Los remates espectaculares son raros, pero tienen el valor de que son divertidos de practicar. El fútbol es diversión. Un jugador que se divierte en los entrenamientos (y en los partidos) se convertirá en un mejor jugador en general.
- Al utilizar ejercicios para practicar habilidades y técnicas complejas, mejorará la coordinación general de los jugadores, especialmente de los más jóvenes.
- En este capítulo hemos visto un ejemplo de cómo un entrenador puede crear ejercicios para desarrollar una habilidad o táctica.

Cerca del treinta por ciento de los goles proceden de jugadas a balón parado. Muchos de ellos, de penalti. El próximo capítulo se centrará en los penaltis.

Penaltis y tandas de penaltis

He aquí un dato interesante. Si un jugador lanza un buen penalti, el portero no puede pararlo. Ojo, no es que podría no hacerlo, o incluso que probablemente no lo haga, sino que físicamente es incapaz de parar ese penalti. Hay mucha gente muy inteligente que dedica un tiempo muy valioso a estudiar cosas que son extremadamente obvias, pero que no son terriblemente importantes. No en el esquema de las cosas. Podríamos argumentar que ésta es una de ellas.

Sin embargo, no se puede negar que sus conclusiones son interesantes. En cuanto a la cuestión que nos ocupa, se ha demostrado que un disparo bien efectuado entra en la portería antes de haber tenido tiempo de moverse. De hecho, el balón pasa por delante del pobre portero antes de que éste haya tenido tiempo siquiera de reaccionar.

Sin embargo, uno de cada cuatro penaltis no acaba en gol. De hecho, apenas supera esa cifra. Se trata de penaltis que se detienen o que no llegan a puerta. ¿Qué es lo que falla en estas ocasiones? ¿O bien, al menos para el portero? La segunda pregunta es la más fácil de responder. Un portero profesional es capaz de estudiar las acciones de los pateadores para saber estadísticamente dónde es probable que coloquen el balón. Eso no es algo que podamos hacer a nivel aficionado o juvenil. Un portero profesional podría ganar algo trabajando sus tiempos de reacción. Pero, sinceramente, parece que no hay mucho que puedan hacer para alterar el resultado del penalti. Si acierta y el penalti cae dentro de su área de cobertura, probablemente lo parará; si se equivoca, lo más probable es que marque un gol. Si se enfrentan a un buen penalti, será mejor que se tomen una taza de té y un bocadillo en lugar de intentar evitar el gol. (Una especie de medio tiempo inesperado).

Por lo tanto, debemos concluir que si el lanzador acierta, marcará. Que el 25% de los penaltis que se fallan son ejemplos de que el lanzador se equivoca. Por lo tanto, el objetivo de este capítulo es dar a nuestros jugadores la mejor oportunidad de acertar. Las mismas reglas se aplican tanto si nos enfrentamos al drama de una tanda de penaltis, como si lanzamos un penalti en el último minuto cuando perdemos 1-0, o si ya tenemos el partido ganado y la presión sobre el lanzamiento es mínima.

Aparte del orgullo personal de nuestros jugadores.

Así pues, tiene sentido considerar que todos los penaltis pueden decidir el resultado del Mundial. Si podemos prepararnos para esa situación, no nos importará lanzar un penalti cuando vayamos ganando 5-0 en un amistoso de pretemporada.

Empecemos por analizar el penalti perfecto, y luego veamos cómo podemos tener las mejores posibilidades de lanzarlo. Porque, volvemos a repetirlo, si el penalti es bueno, acabará en gol.

Dato: La potencia cuenta

Una vez más, tenemos que basarnos en la investigación para analizar el factor de potencia. Parece bastante claro que golpear la pelota con fuerza es importante. Puede que veamos a jugadores como Bruno Fernandes, con su pequeño salto y golpeo en la subida y pensemos que parece muy impresionante. Sin embargo, el secreto está en que Fernandes (y otros como él) no son grandes lanzadores de penaltis, sino procesadores de información extremadamente rápidos. Porque son capaces de ver el más mínimo movimiento del portero que su salto, una vacilación con cualquier otro nombre, provoca, y ajustar su cuerpo rápidamente para colocar el balón donde el portero no está.

Observa algunos penaltis lanzados por este tipo de jugadores y te darás cuenta de que, a menudo, su disparo es extremadamente salvable, salvo por el hecho de que el portero ya se ha comprometido. De hecho, estadísticamente, sólo la mitad de los penaltis lanzados con suavidad acaban en gol. Por supuesto, en cambio, la precisión es buena. Es muy poco probable que un penalti suave falle en el arco, pero el portero lo atajará si acierta.

Golpear la pelota lo más fuerte posible es una opción mejor. Pero no la mejor. Mientras que los porteros rara vez detienen un penalti potente, un relámpago tiene una alta probabilidad, alrededor del 30%, de errar el tiro. Y si esas son las cifras a nivel profesional, cabe suponer que los aficionados y los jugadores de categorías inferiores fallarán en aún más ocasiones.

Estadísticamente, la mejor fuerza para un penalti se sitúa en torno al setenta y cinco por ciento de la potencia máxima, lo que sugiere que una combinación de velocidad y precisión dará como resultado un gol. De hecho, hay aproximadamente un noventa por ciento de probabilidades de éxito con un penalti bien dirigido (en contraposición a "perfectamente" dirigido) lanzado con tres cuartos de fuerza.

Dato: La colocación cuenta

Bueno, obviamente. Golpea el balón en la esquina y marcarás. Pégale directamente al portero y no lo harás. Pero no es tan sencillo. Porque estadísticamente hay tres puntos en los que es más probable que se produzca un gol. Las dos esquinas inferiores, porque el portero simplemente no puede llegar allí. Y el centro de la portería. Donde está el portero.

Así que quizá deberíamos animar a nuestros jugadores a apuntar al centro. Al fin y al cabo, entonces no hay casi ninguna posibilidad de errar el tiro. Excepto, por supuesto, que el centro de la portería funciona porque es el último lugar donde un portero espera que le tiren el penalti. En cuanto detectan un patrón y esperan que el penalti vaya dirigido directamente hacia ellos, o al menos, directamente hacia donde ellos estaban un milisegundo antes, se mantienen erguidos y detienen el tiro.

Por lo tanto, puede que el tercer o cuarto lanzador de penaltis sea útil, siempre y cuando los demás penaltis se hayan lanzado tradicionalmente a las esquinas. Pero, en general, esta táctica sólo funcionará cuando haya un elemento de sorpresa. (Dicho esto, nos sorprende que los porteros no se mantengan erguidos más a menudo ante lanzadores como Fernandes, que casi siempre adoptan su enfoque de "saltar". Al fin y al cabo, está golpeando el balón con eficacia desde una posición erguida desde el inicio y no podrá impartir mucho ritmo. A menos que se encuentre con un tiro suave justo en la esquina, el portero tendrá una oportunidad decente de pararlo).

El lugar más seguro para marcar es la esquina superior, donde el gol está garantizado. Salvo que... generar la potencia necesaria para elevar el balón aquí es difícil. Aunque el portero rara vez hace una parada, la gravedad, la física y los pequeños detalles acuden en su ayuda, y hay muchas posibilidades de que el balón falle su objetivo. En ese caso, lo mejor es tirar a la esquina, **pero un tiro controlado a la esquina inferior es el mejor lugar para un penalti.**

El aspecto mental del juego

Parece sencillo. Un penalti está a sólo doce metros de la portería. La portería tiene ocho metros de ancho. Todo lo que se golpee con una potencia de hasta tres cuartos a menos de un metro de cualquiera de los postes marcará. La mayoría de los jugadores aficionados medio decentes podrían acertar a una diana tan grande desde sólo doce metros.

Pero en la situación del partido, algo sucede. Aparecen las dudas. "¿Ha adivinado el portero hacia dónde voy a golpear el balón?" "¿Debo apuntar un poco más al centro para estar seguro?" "¿Y si el portero se adelanta? Le pegaré un poco más fuerte, para asegurarme..." O, lo peor de todo, decidimos cambiar de objetivo mientras corremos para golpear la pelota. La posición de nuestro cuerpo, tan cuidada, nos abandona y la pelota se va fuera.

Podemos solucionarlo. De hecho, más fácilmente que un profesional. Porque nadie va a analizar la técnica de nuestros jugadores, o la nuestra, a la hora de lanzar penaltis. No al nivel al que jugamos.

Empecemos por esas dudas...

"¿Ha adivinado el portero hacia dónde voy a golpear la pelota?" ¿Y qué? Nuestro penalti estará en la esquina.

"¿Debería apuntar un poco más al centro para estar seguro?" ¿Por qué? Hemos lanzado este penalti miles de veces en los entrenamientos. Siempre funciona. Lo hará ahora.

"¿Y si el portero se va antes?" De nuevo, no importa. Porque van a tener que adelantarse mucho para salvar nuestra oportunidad. Y seguramente, el árbitro se dará cuenta y ordenará repetir la jugada. Francamente, si no lo hacen, y el portero transgrede tan descaradamente, entonces está fuera de nuestro control. Sólo tenemos en cuenta lo que podemos controlar.

Y si cambiamos de opinión durante la carrera, entonces el entrenador ha cometido un gran error al pedirnos que hagamos un penalti...

Práctica

Así que practicamos. Primero, sin portero. Seguimos siempre la misma rutina. Una vez que la hayamos perfeccionado y podamos golpear siempre en el mismo sitio, podemos introducir un portero. Y practicamos un poco más. Hasta que, en el minuto 87 de partido, tenemos que marcar para ser campeones de liga o levantar el trofeo, la memoria muscular se apodera de nosotros y seguimos la misma rutina de siempre. Con el mismo resultado. El éxito.

Técnica: El penalti perfecto... una y mil veces

Nuestra técnica de los penaltis es lo que nos funciona. Si somos lo bastante buenos como para rematar cien de cada cien veces al arco, ahí es donde apuntamos. (Acordándome de reservar el vuelo a España para fichar por el Barcelona...) Lo más probable es que disparemos a la esquina inferior. Un tiro a ras de suelo requiere menos potencia que un disparo a la esquina superior y, por lo tanto, tiene más probabilidades de éxito.

Trabajamos para obtener el resultado que queremos para nosotros. Eso es lo que practicamos. En cada sesión de entrenamiento. Cada semana. Es lo que utilizamos en el partido. Cada vez. Somos nosotros contra el portero, y casi todas las balas están cargadas en nuestra arma. Nuestro oponente sólo tiene una. Y no muy buena. Su única esperanza es que cometamos un error.

He aquí un sistema que funcionará para muchos. Utilízalo, pruébalo y adáptalo.

- Coloca tú mismo el balón en el punto de penalti para asegurarte de que no está en una chuleta.
- Vete.
- Respirar profundamente cinco veces, exhalando lentamente, para calmar el ritmo cardíaco.

- Mientras tanto, visualiza el penalti: el golpe, dónde impactará, la red abultada. Intenta no mirar a la esquina a la que apuntas. Si te sirve de ayuda, mira también a otros puntos para confundir al portero.
- Tener una carrera de al menos seis yardas.
- Un ángulo de cuarenta y cinco grados parece, estadísticamente, el mejor
- Golpear el balón con el empeine.
- La portería no se moverá, así que mantén la vista en el balón. Así, los movimientos del portero tampoco distraerán
- Golpea el balón utilizando la técnica exacta empleada en cada entrenamiento.
- Celebra… hemos marcado.

He aquí los puntos clave del capítulo:

- Hay una ciencia detrás de las penas
- Las técnicas, las habilidades, las estadísticas y la mentalidad desempeñan un papel en el éxito de un penalti.
- Por eso es importante la práctica

Si, en términos porcentuales, los penaltis son la jugada a balón parado con más éxito, en segundo lugar (a mucha distancia) se sitúan los lanzamientos de falta directa en el tercio ofensivo.

Tiro libre

Es interesante ver cómo ha evolucionado el tiro libre. No hace mucho tiempo, cualquier tiro libre desde el centro del campo de un equipo daba lugar a que los hombres grandes se dirigieran hacia arriba. El balón se lanzaba alto y largo y, en la batalla subsiguiente, el equipo atacante esperaba que su táctica de la ruta uno diera sus frutos.

Normalmente, no era así. A menudo, con la defensa adelantada, una maniobra de este tipo daba lugar a un rápido contraataque. Una posición de ataque de interés apenas moderado se convertía en una defensiva de mucha amenaza.

De hecho, este enfoque parecía típicamente británico. Tal vez fueron las malas superficies de juego las que frenaron a los entrenadores a construir desde atrás. Ahora que incluso los semiprofesionales juegan sobre moqueta, y que un equipo de la Sunday League en el parque puede contar con algo que al menos es verde (en lugar del marrón lleno de baches de no hace muchos años), la larga subida al campo es, afortunadamente, algo que ha quedado casi totalmente relegado a la papelera de los entrenadores.

Hoy en día, un tiro libre se lanza con rapidez, se mantiene la posesión y se considera una desventaja para el equipo atacante, al menos en comparación con la posición en la que se encontraba anteriormente. Una ruptura de su fluidez. Por eso, por supuesto, los defensas están tan contentos de regalar un tiro libre.

Esto cambia en el tercio ofensivo. La mayoría de los equipos tienen un par de especialistas en tiros libres. Los tiros libres amplios que dan lugar a un centro conducen a gol casi un 4% de las veces, mejor que el rendimiento de los saques de esquina. Los disparos, por su parte, tienen el doble de éxito que los saques de esquina cuando se trata de goles. Con un 6,3% de acierto para el lanzador (los desvíos y los goles en propia puerta mejoran la proporción), un tiro libre no es tan valioso como un penalti o un dos contra uno, pero sigue siendo suficiente para ser un factor significativo en la planificación de un entrenador.

Por lo tanto, en este capítulo, desglosaremos algunos de los métodos más exitosos para ejecutar un tiro libre ofensivo.

Ejercicios

No hay muchas formas de practicar ejercicios de tiro directo en los que participen varios jugadores. Lo mejor es enviar a los especialistas en tiros libres a entrenarse en un extremo del campo. El ejercicio genérico que se muestra a continuación ofrece cinco posiciones de tiro diferentes e incluye una serie de maniquíes que actúan como muro desde distintas posiciones.

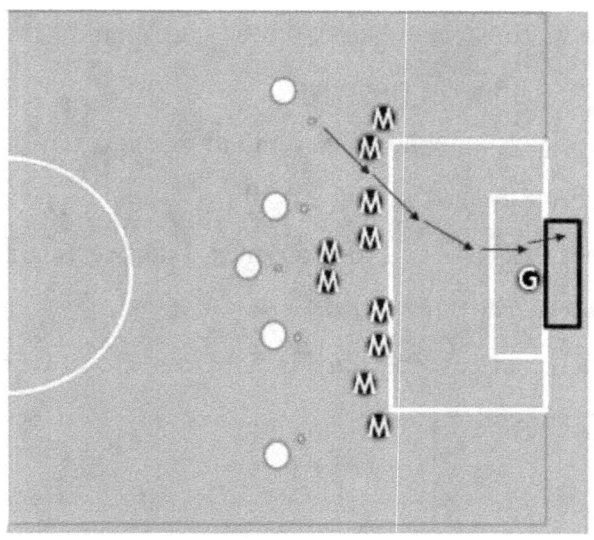

Técnica: El disparo de potencia

Cristiano Ronaldo hizo suyo este tiro libre, y ahora es práctica habitual ver a los jugadores examinar detenidamente el balón antes de colocarlo para su chut. El secreto del disparo de potencia de Ronaldo, que se sumerge y se curva, es golpear la zona dura alrededor de la válvula de aire del balón. El contacto con esta zona hace que el balón haga acrobacias en el aire, lo que dificulta mucho el juicio de los porteros.

- Coloca el balón para la patada con cuidado, con la válvula de aire hacia arriba y apuntando ligeramente hacia abajo.

- Corre recto hacia el balón, o desde un ángulo estrecho, lo que te resulte más cómodo.
- Coloca el pie que no patea junto al balón.
- Utiliza los brazos para el equilibrio
- Golpea el balón con los cordones, y has un seguimiento limpio y recto.
- Mantener el cuerpo recto, la cabeza sobre el balón para mantener el tiro abajo

La técnica: El Curler

El Curler es perfecto para despejar una pared y meter el balón por la esquina de la portería. Se trata de un encuentro entre el deporte y la ciencia. El principio utilizado es el efecto Magnus. Para los que deseen saberlo, se define como la fuerza ejercida sobre una esfera que gira rápidamente cuando se desplaza por el aire. Ejerce fuerza sobre el ángulo de dirección relacionado con ese giro y, por lo tanto, hace que el balón se curve.

Sin embargo, ejercer ese giro con un pie humano es más fácil de decir que de hacer. La técnica puede dividirse en tres áreas. La carrera, el contacto y el seguimiento.

- La carrera

- No es necesario que sea demasiado larga. El tiro es sobre el control, no el poder
- Cada persona puede elaborar su propia carrera. Un punto de partida es dar tres pasos directamente hacia atrás desde el balón, luego tres pasos hacia el lado
- Los zurdos deben colocarse a la derecha del balón, los diestros a la izquierda.
- La carrera corta hasta el disparo tendrá ahora un ángulo de unos cuarenta y cinco grados.
- Correr y colocar el pie que no patea a unos veinte centímetros del balón.
- Apuntar con el pie en un ángulo de unos cuarenta y cinco grados con respecto a la portería.
  - Contacto
- Golpear el balón con el interior de los dedos de los pies.
- Haz contacto cerca del centro de la pelota, pero no exactamente en el centro. Golpear justo por debajo del centro, para dar elevación, y fraccionalmente hacia el exterior para impartir efecto.
- Bloquea el tobillo en el impacto
- Apunta los dedos de los pies ligeramente hacia arriba en el momento del impacto.
- Practica hasta alcanzar el punto de contacto adecuado para ti.

- Seguimiento
  - Inclinarse ligeramente sobre el balón
  - Sigue a través del cuerpo para impartir un efecto extra.
  - A veces, los jugadores pueden ganar control extra no extendiendo completamente el seguimiento.

El Curler no es cuestión de potencia, sino de precisión y engaño. No obstante, para ganarle a un portero, cuanta más potencia se le pueda imprimir, mejor. Sin embargo, la técnica es lo primero. Si se consigue, la carrera y la fuerza del golpe pueden aumentar gradualmente con el tiempo.

Ejercicio/Táctica

Como ya se ha explicado, cualquier tiro libre que se ejecute en línea con el área penal será con toda probabilidad un tiro directo a puerta. (Recuerda, éstos tienen casi el doble de probabilidades de resultar en gol en comparación con un tiro libre lanzado como centro). Sin embargo, cuando el balón sale, un tiro directo no es una opción seria.

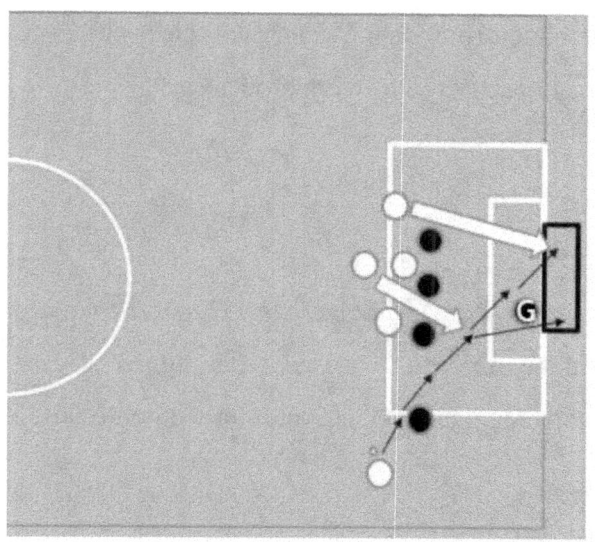

El tiro libre que acabamos de mostrar es una herramienta muy útil. Es un movimiento en el que los entrenadores pueden trabajar con resultados positivos. Este ejercicio ayudará a los jugadores a perfeccionarla. El balón se orienta hacia el centro de la portería, para que bote en este punto. Los delanteros atacan el primer poste. Si entran en contacto con el balón, hay muchas posibilidades de que disparen a puerta. Sin embargo, si no alcanzan el balón, a menudo seguirá su trayectoria hacia la esquina más alejada de la red.

Normalmente, sin la amenaza de la carrera de un delantero, el portero se lanzará y atajará el balón, pero como no puede lanzarse hasta el final, debido a la posibilidad de que el delantero entre en contacto con el primer poste o con el centro de la portería, el efecto y el rebote pueden hacer que el balón le sobrepase y entre en la portería.

Técnica: El chip

El chip es el primo cercano del Curler. Genéticamente, son casi iguales, con un pequeño número de diferencias significativas. Hemos resaltado las diferencias técnicas en cursiva en la siguiente descripción.

- La carrera
  o No es necesario que sea demasiado larga. El tiro es sobre el control, no el poder
  o Cada persona puede elaborar su propia carrera. Un punto de partida es dar tres pasos directamente hacia atrás desde el balón, luego *uno o dos* hacia un lado.
  o Los zurdos deben colocarse a la derecha del balón, los diestros a la izquierda.
  o *La carrera corta hasta el disparo será prácticamente recta.*
  o Correr y colocar el pie que no patea a unos veinte centímetros del balón.
  o Apuntar con el pie *hacia* la portería.
- Contacto
  o Golpear el balón con el interior de los dedos de los pies.

- Haz contacto cerca del centro de la pelota, *justo por debajo del centro, para dar elevación.*
- Bloquea el tobillo en el impacto
- Apunta los dedos de los pies ligeramente hacia *abajo* en el momento del impacto.
- Practica hasta alcanzar el punto de contacto adecuado para ti.
  - Seguimiento
- Inclinarse ligeramente *lejos del balón*
- Sigue *recto y con control.*
- A veces, los jugadores pueden ganar control extra no extendiendo completamente el seguimiento.

El chip suele producirse en el juego abierto, ya que los porteros tienden a permanecer en su línea en los lanzamientos de falta. La táctica/ejercicio que se muestra a continuación demuestra cómo un chip puede ser una herramienta sorpresa para una defensa que espera un tiro libre directo con efecto. Dado que la preparación de ambos es similar, la jugada puede disimularse hasta el último minuto.

Ejercicio/Táctica - Tiro libre con efecto

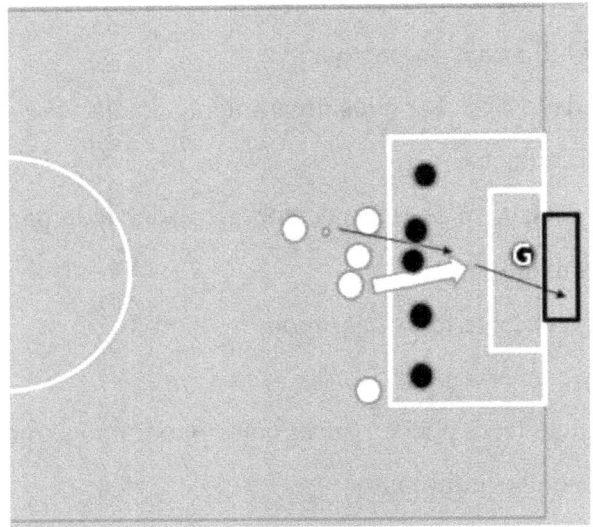

Aquí, los atacantes colocan una pared delante de la pared defensiva. Se trata de una táctica habitual en los lanzamientos de falta, sobre todo ahora que los recientes cambios en el reglamento prohíben a los atacantes unirse a la pared defensiva.

Cuando el ejecutor sube, el jugador exterior de la pared del atacante gira y se dirige hacia el hueco entre el jugador exterior de la pared y el defensor de marca más cercano. El defensa en la pared no puede despegarse para seguir la carrera, ya que eso dejaría a la pared vulnerable ante un Curler. El defensor que marca no tiene tiempo de llegar al lado de la portería del corredor.

El lanzador de tiros libres sube y baja el balón por encima de la barrera (una habilidad difícil, hay que reconocerlo) y el delantero corre hacia el balón para rematar de primeras.

Táctica: Tiros libres amplios de ataque

Este tipo de tiro libre es realmente un córner ventajoso y debe tratarse como tal. Como opinan a menudo los comentaristas, cuando un lateral hace una entrada precipitada: "Ha regalado un tiro libre peligroso..."

El único lado negativo de un tiro libre amplio sobre un córner es el fuera de juego. Sin embargo, las carreras tardías pueden hacer que esto resulte ineficaz para la defensa.

Ejercicio/Táctica: Derrotar el fuera de juego

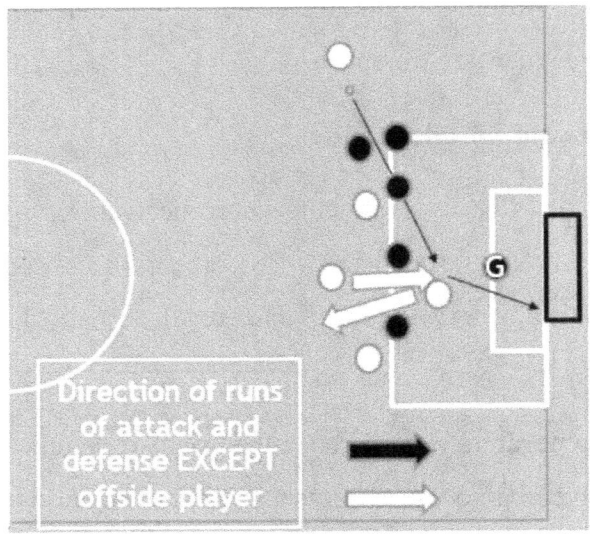

El ejercicio se inicia con la defensa manteniendo una línea alta, como sería el caso en la mayoría de los partidos. Un atacante se coloca en posición de fuera de juego hacia el centro de la portería. En el momento del saque, este jugador se retira para no interferir en el juego. Mientras tanto, un delantero ataca desde el fondo, con la intención de perderse en la melé de atacantes y defensas que pugnan por el balón. Si consiguen pasar, tienen un tiro a puerta relativamente libre desde corta distancia.

Este ejercicio sólo puede utilizarse con grupos de edad que jueguen en fuera de juego. Practica desde diferentes ángulos.

He aquí los puntos clave del capítulo:

- Los especialistas en tiros libres necesitan varias armas en su arsenal.
- Los equipos deben desarrollar jugadores que ofrezcan este abanico de opciones
- Desde el punto de vista del entrenador, los tiros libres son ejercicios tácticos o empresas técnicas en las que un jugador lanza directamente a puerta.

En nuestro último capítulo nos ocuparemos de un aspecto del juego que está cobrando cada vez más importancia. El papel de las estadísticas.

Algunas estadísticas para la táctica

No podemos afirmar que las conclusiones que se exponen a continuación garanticen estrategias ganadoras para los entrenadores, pero son conclusiones extraídas del análisis de partidos y competiciones profesionales y ofrecen algunas pistas sobre dónde pueden centrar sus tácticas los entrenadores para crear las mejores oportunidades de gol.

Evidentemente, que un equipo tenga o no el tipo de jugadores necesarios para materializar estas ocasiones es un factor totalmente distinto. Esperemos que las estrategias de entrenamiento que se describen en el resto del libro ayuden a los jugadores a ser mejores rematadores para poder materializar esas ocasiones adicionales.

Hay que tener en cuenta otras advertencias. A nivel aficionado o juvenil, los entrenadores trabajan con jugadores que, por definición, no son tan buenos como sus homólogos profesionales. Las defensas están menos organizadas y son menos estables, las habilidades con el balón parado están menos desarrolladas y el uso del pie débil y del remate de cabeza es menos avanzado. Sin embargo, las conclusiones son pertinentes porque, por ejemplo, aunque nuestro equipo no sea capaz de realizar un córner con tanta precisión como Kevin De Bruyne, por lo que es poco probable que nuestros adversarios cuenten con un Gerard Piqué capaz de despejar el balón.

Estadística: ¿De dónde se marcan los goles?

Los datos sugieren que la proporción entre los goles marcados en campo abierto y los marcados a balón parado se sitúa en torno al 70/30. Algunos estudios sugieren que podría acercarse al 60/40. Algunos estudios sugieren que podría acercarse al 60/40. A nivel amateur, es probable que la cifra se distancie más debido a la calidad de la ejecución de las jugadas a balón parado, pero al mismo tiempo, las defensas pueden ser menos capaces de hacer frente a una amenaza a balón parado.

Implicaciones: Existen pruebas sólidas que sugieren que las tácticas específicas de juego a balón parado y el entrenamiento deben formar parte del plan general de un entrenador.

Estadística: Desglose de las jugadas a balón parado

Quizás no sorprenda que el mayor porcentaje de goles en jugadas a balón parado provenga de los penaltis. Sin duda, la cifra sería mayor si los penaltis fueran un aspecto más frecuente del juego.

Implicaciones: Desde un punto de vista ofensivo, merece la pena entrenar a tres o cuatro jugadores para que sean especialistas en lanzar penaltis. Los entrenadores de juveniles podrían ampliar este número, porque a los niños no hay nada que les guste más que lanzar penaltis.

Probablemente no merezca la pena dedicar tiempo a trabajar con más jugadores en entornos adultos, sencillamente porque lo más probable es que los demás jugadores nunca tiren un penalti. La excepción son las escasas ligas en las que los partidos empatados se resuelven en la tanda de penaltis. Incluso entonces, las estadísticas sugieren que los empates son bastante improbables en entornos amateur.

Tomando una liga puramente aleatoria con la esperanza de ilustrar el punto, encontramos que en los primeros treinta y tres partidos de la Wharfside Electrical Milton Keynes Sunday Football League (sí, esa) sólo dos tuvieron empates. Aunque el porcentaje podría ser mayor en una competición de copa, donde una tanda de penaltis puede convertirse en el factor decisivo, seguirá siendo poco probable que se produzca uno.

Después de los penaltis, las siguientes jugadas a balón parado con más probabilidades de gol son los saques de esquina y los tiros libres, responsables de algo menos de un tercio de los goles cada uno. (Los penaltis son responsables de algo más de un tercio, por lo que las tres jugadas a balón parado son importantes). Por último, los saques de banda rara vez conducen directamente al gol.

Incluso la poderosa rutina de los lanzamientos largos de Tony Pulis y Rory Delap en el Stoke City sólo produjo dieciocho goles en casi siete temporadas. (Pulis explicó que se trataba más bien de enardecer al público e intimidar a los rivales, algo nada fácil de conseguir en un Adelaide Park un domingo por la mañana).

Implicaciones: Ofensivamente, en lo que se refiere a marcar goles, se debe dedicar el mismo tiempo a los tiros libres y a los saques de esquina, trabajando las rutinas e implicando la participación de toda la plantilla. Hay poca necesidad de trabajar los saques de banda, a menos que surja un problema u oportunidad específicos (por ejemplo, tener un jugador con un lanzamiento especialmente largo y una trayectoria plana).

El tema de los saques de esquina es muy discutido. Por un lado, sólo uno de cada treinta saques de esquina conduce a gol, lo que puede parecer insuficiente para dedicar tiempo a este aspecto del juego. Por otro lado, un equipo puede ganar cinco o seis saques de esquina por partido, más si va ganando. Eso equivale a un gol cada cinco o seis partidos. Suficiente para justificar el tiempo dedicado a la formación.

Estadística: Desglose del juego abierto

Las conclusiones de esta sección están inevitablemente influidas por las tendencias del juego. La presión alta es muy popular en el momento de escribir estas líneas. Por un lado, la historia sugiere que las tendencias son transitorias, los entrenadores adoptan nuevas ideas una vez que las defensas descubren cómo negar la moda actual. Por otro lado, una tendencia no se impondría si no funcionara.

Para ello, la presión alta funciona actualmente. En el fútbol profesional, estamos asistiendo a un enfoque más suave, ya que los defensas y los porteros rivales son más hábiles con sus habilidades futbolísticas y pueden jugar alrededor de la presión para explotar los espacios que hay detrás de ella. A menudo, la presión se desencadena por determinadas circunstancias. Puede tratarse de un jugador con el balón identificado como técnicamente más débil que sus compañeros, o de que el balón proceda de una determinada posición. Por ejemplo, un balón que ha sido jugado por detrás del lateral y del medio centro y que les ha hecho girarse.

Sin embargo, no es sorprendente que las últimas cifras sugieran que el mayor porcentaje de goles se produce cuando un ataque comienza en el tercio ofensivo. Esto implica, a su vez, una situación en la que el balón se gana muy arriba. Sin embargo, la diferencia no es abrumadora ni decisiva, ya que el número de goles es estadísticamente insignificante en los ataques que comienzan en los tercios defensivo o medio.

Implicaciones: Esto parece sugerir que la mayoría de las ocasiones se crean a partir de una presión alta. Sin embargo, no es un porcentaje lo suficientemente alto como para adoptar tácticas en torno a este enfoque, independientemente de los puntos fuertes y débiles de nuestro equipo. La presión alta es un esfuerzo arriesgado si se hace mal. Un buen entrenador construirá su estrategia en torno a los puntos fuertes de los jugadores que tiene, al tiempo que intentará mejorar las habilidades que le permitan operar con una táctica más fuerte una vez que sus jugadores tengan las habilidades técnicas para jugar de esta manera.

Mucho más importante que dónde comienza un ataque es qué sucede para que se produzca un gol. En este caso, las pruebas están a favor de una estrategia de pases cortos. Las estadísticas sugieren que más de dos tercios de los goles en jugada abierta se generan de esta manera. Por el contrario, poco más de uno de cada diez goles procede de un pase largo. (Suficiente para sugerir que los equipos tienen esta variedad en su arsenal, sólo que no deberían usarla a menudo).

El juego moderno se construye en torno al pase corto, y quizás el fútbol tika taka del Barcelona y España de mediados y finales de la década de los noventa y principios de la de 2010 sea la ilustración perfecta. Este fútbol no sólo era maravilloso de ver, sino que además tenía mucho éxito. Por el contrario, la estrategia de Inglaterra de las décadas posteriores a sus decepciones al no clasificarse para los Mundiales de 1974 y 1978 se basó en gran medida en las estrategias de Charles Hughes, su Director Técnico. Su libro, The Winning Formula, se convirtió en la Biblia en la que se basaron, y fracasaron, muchos de los sucesivos seleccionadores ingleses. Ignorando tal vez que no todos los países futbolísticos se desenvolvían en los campos de cultivo que adornaban el fútbol inglés, dejó de lado las habilidades técnicas en favor del análisis estadístico y la simplicidad táctica. Tras estudiar numerosos partidos (más de cien), llegó a dos conclusiones. En primer lugar, la mayoría de los goles se conseguían dando el último pase desde determinadas zonas del campo, que él denominó POMO, o posición es de máxima oportunidad. Se trataba principalmente de zonas amplias que requerían centros precisos al área y un gran delantero centro capaz de finalizar la ocasión. En segundo lugar, creía que para tener la mejor oportunidad de marcar no debía haber más de tres pases antes de que se produjera el intento de gol.

No es difícil entender por qué fracasó. Por definición, llevar el balón de delante hacia atrás en tres pases requiere pases largos. Estos son más difíciles de jugar y más fáciles de defender que los pases cortos y precisos. Así que los ataques se rompían con demasiada facilidad. Sus ideas debían mucho a los descubrimientos de Charles Reep, que fue comandante de ala durante la Segunda Guerra Mundial, seguidor del Swindon Town y antiguo contable (todas ellas características vitales de un analista de fútbol).

Por supuesto, Inglaterra durante los años setenta y ochenta, además de gran parte de los noventa, fue bastante atroz. Su fútbol era débil en comparación con las habilidades sedosas y las tácticas progresivas de equipos como Brasil, Argentina, Alemania (incluida Alemania Occidental), Italia y, más tarde, Francia. Sin embargo, queremos ilustrar que incluso las tácticas defectuosas pueden tener sus ventajas. Los pases y la circulación rápida del balón conducen al gol, siempre que se gane lo suficiente. Es el golpe de gracia que se adjunta al final de una presión alta.

Implicaciones: Los mejores entrenadores desarrollan la técnica en sus jugadores trabajando las habilidades personales clave. El primer toque, el control, la recepción del balón a la media vuelta, la ejecución de pases cortos y controlados. Al desarrollar la técnica de esta manera, especialmente con los jugadores más jóvenes, los entrenadores convierten a sus futbolistas en mejores rematadores. Esto se debe a que las habilidades de remate bajo presión también requieren el tipo de técnica excelente que se inculca a los jugadores desde esta temprana edad.

Estadística: el momento más probable para marcar

Se marcan muchos más goles en la segunda parte que en la primera. En el Mundial de 2018, por ejemplo, casi dos tercios de los goles llegaron después del descanso. Curiosamente, podríamos suponer que a medida que avanza el partido, y los jugadores se cansan más, también aumentan las incidencias de los goles. Esto no es del todo cierto. Aunque se marcan muchos en los últimos quince minutos, la mayoría, al parecer, se producen en los quince minutos posteriores al descanso. Tal vez los entrenadores sí marquen la diferencia, y sus instrucciones en el descanso sí propicien goles.

Implicaciones: Es difícil sacar demasiadas conclusiones porque entran en juego varios factores. A medida que avanza el partido, más jugadores pueden recibir una tarjeta amarilla y, por lo tanto, deben ser más cautelosos en sus entradas, por ejemplo. Es más probable que hayan entrado los suplentes, lo que altera aún más el flujo y reflujo del juego. La mejor consecuencia que se puede extraer es que tener piernas frescas en ataque puede conducir a más goles en las últimas fases del partido. Por otra parte, por supuesto, si el jugador era tan bueno, bien podría haber sido titular.

Quizás la respuesta esté en cargar tácticamente el ataque hacia las últimas fases del partido. Esta conclusión se basa en el doble factor de que la defensa es más propensa a cometer errores hacia el final del partido, y la conclusión conexa de que tiene sentido tener más atacantes para aprovecharlo.

No estamos seguros de confiar lo suficiente en esta conclusión como para basar en ella una estrategia de entrenamiento. Sin embargo, en el fútbol profesional se utiliza a menudo la estrategia de "piernas frescas", con cambios de delanteros en los últimos treinta minutos.

He aquí los puntos clave del capítulo:

- Estadísticamente, hay tácticas que conducirán a la creación de más ocasiones
- No obstante, debemos tener en cuenta los puntos fuertes (y las deficiencias) de nuestros jugadores a la hora de decidir nuestra táctica.
- Las jugadas a balón parado son importantes y pueden llevar a marcar un número significativo de goles. Por lo tanto, los ejercicios sobre jugadas a balón parado serán muy provechosos.
- La técnica es todo
- Los buenos entrenadores y jugadores entenderán mejor el juego mediante el estudio de las estadísticas y sus conclusiones

Conclusión

Son muchos los que sostienen que los días del rematador tradicional están contados, incluso han pasado. El "falso nueve", desarrollado por las grandes selecciones españolas de finales de los años noventa, inició la tendencia. Ahora, incluso jugadores como Harry Kane o Robert Lewandowski, grandes rematadores ambos, ofrecen mucho más que meter el balón en la red.

Los mejores equipos del mundo rara vez juegan con un delantero centro tradicional. Por ejemplo, el Liverpool o el Manchester City, los equipos más fuertes de la Premier League inglesa, considerada actualmente la liga más competitiva del mundo. Ninguno de los dos tiene un delantero centro fijo. En el Liverpool, Sadio Mané y, sobre todo, Mo Salah, marcan la mayoría de sus goles. Pero se trata de jugadores anchos, que tienen una importante labor de repliegue. Roberto Firmino o Diego Jota son los hombres centrales. Ambos, especialmente Jota, marcan con bastante regularidad. Sin embargo, ninguno es especialmente prolífico.

El Manchester City juega a menudo sin un número nueve. Los goles llegan de todas partes del campo. Esto significa que ahora se espera que todos los jugadores del equipo, con la probable excepción del portero, sean rematadores eficaces. Se acabaron los días en que los atacantes y los defensas entrenaban por separado, o en que el papel de la defensa consistía en ofrecer cierta oposición a los delanteros en los entrenamientos. Eso es bueno. Sin duda. Porque significa que, en los niveles más jóvenes, todos los jugadores están aprendiendo todos los aspectos del juego. No se pierden jugadores porque la especialización se produzca demasiado pronto. Todos tienen que entender de defensa; todos los jugadores deben ser capaces de desempeñar el papel de centrocampista, y todos los participantes en el juego de campo deben desarrollar sus habilidades como rematadores.

El final... ¡casi!

Las críticas no son fáciles de conseguir.

Como autor independiente con un presupuesto de marketing ínfimo, confío en que los lectores, como tú, dejen una breve reseña en Amazon.

Aunque sólo sean una o dos frases.

Customer Reviews

☆☆☆☆☆ 2
5.0 out of 5 stars

5 star		100%
4 star		0%
3 star		0%
2 star		0%
1 star		0%

Share your thoughts with other customers

Write a customer review

See all verified purchase reviews

Agradezco mucho tu reseña, ya que realmente marca la diferencia.

Gracias de todo corazón por comprar este libro y leerlo hasta el final.